国际视野下
涉税贸易瞒骗
案例比较研究

林倩 李海莲 主编

中国海关出版社有限公司
中国·北京

图书在版编目（CIP）数据

国际视野下涉税贸易瞒骗案例比较研究 / 林倩，李海莲主编． -- 北京：中国海关出版社有限公司，2024.6

ISBN 978-7-5175-0756-7

Ⅰ．①国… Ⅱ．①林… ②李… Ⅲ．①国际贸易－税收管理－研究－中国 Ⅳ．① F812.424

中国国家版本馆 CIP 数据核字（2024）第 039048 号

国际视野下涉税贸易瞒骗案例比较研究

GUOJI SHIYE XIA SHESHUI MAOYI MANPIAN ANLI BIJIAO YANJIU

主　　编：林　倩　李海莲
策划编辑：刘　婧
责任编辑：刘　婧
责任印制：王怡莎

出版发行：中国海关出版社有限公司

社　　址：北京市朝阳区东四环南路甲 1 号　　　　邮政编码：100023
编 辑 部：01065194242-7544（电话）
发 行 部：01065194221/4238/4246/5127（电话）
社办书店：01065195616（电话）
　　　　　https://weidian.com/? userid=319526934（网址）

印　　刷：固安县铭成印刷有限公司　　　　经　　销：新华书店
开　　本：710mm×1000mm　1/16
印　　张：14　　　　　　　　　　　　　　　字　　数：220 千字
版　　次：2024 年 6 月第 1 版
印　　次：2024 年 6 月第 1 次印刷
书　　号：ISBN 978-7-5175-0756-7
定　　价：68.00 元

海关版图书，版权所有，侵权必究
海关版图书，印装错误可随时退换

编委会

主 编：林 倩　李海莲

编 委：花瑜婧　胡 然　杨培晶　杨 深
　　　　高春晓　林弘毅　刘科科　刘长新
　　　　胡文捷　何欣琳

前　言

虚假申报欺瞒海关、偷逃关税，毋庸置疑，这是一种违法现象。即便不懂法也知道，这种事情是不能随便做的，但瞒骗了海关，会有什么样的法律后果？也许很多人不一定清楚。瞒骗海关偷逃税款，是刑事犯罪还是行政违法？世界各国和地区法律及有关规定对此规定不同，同类案例在不同国家和地区的处理方式也截然不同。我国法律目前将企业的"贸易瞒骗"行为，定性为走私犯罪并予以严惩的原因是什么？境外大多数国家和地区为何不将"贸易瞒骗"定性为走私犯罪，而仅予罚款和补税？本书没有给出明确的答案。我们编写本书的主要目的，是将境内外各种"贸易瞒骗"的真实案例如实地呈现给大家，并从我们的经验和认知角度，作一些比较分析。

本书共分8个部分，第1部分界定了"贸易瞒骗"的概念和范围，明确了"贸易瞒骗"与走私、申报不实违规的边界与关联，确定了本书的研究对象；第2~6部分是本书的主要内容，呈现了美国、欧盟、英国、日本、韩国、新加坡法律和我国台湾地区有关规定以及我国现行法律框架下，对"贸易瞒骗"行为调查处理的30余个真实案例，及其相应法律依据；第7部分阐述了境外各国（地区）对走私的界定及其法律责任，以及我国法律规定的走私及其法律责任，比较分析了各国（地区）法律和相关规定对走私的不同理解和责任差异；第8部分，归纳了不同国家（地区）的法律和相关规定及判例对贸易瞒骗行为的法律责任，分析比较了我国和境外法律对价格、原产地、商品名称等瞒骗行为的责任差异，并提出了完善我国法律制度的合理化建议。

需要特别说明的是，本书编委会的成员通过各经济体的相关官方机构、研究机构网站及法律案例库查找、收集、筛选相关真实案例与法律及相关规定条款，各经济体对"贸易瞒骗"案例的区分和处置存在差异，因此各位作者在阅读大量案例基础上，尽可能选择最具典型性和代表性案例，并标注其来源，读者可以在相应的网址或数据库中查找案例原文，翻译内容若有差异，可与作者联系商榷。

  本书由北京德和衡律师事务所的国际贸易与海关业务中心林倩律师团队，与对外经济贸易大学政府管理学院海关管理系李海莲教授团队共同合作完成。在此，向参加编写的各位作者、律师及团队成员们，表示衷心感谢！

林倩 李海莲
2024 年 1 月

目　录

1　涉税贸易瞒骗的概念、种类和行为性质　　001

　　1.1　涉税贸易瞒骗的概念和范围　/　002

　　1.2　涉税贸易瞒骗的种类　/　005

　　1.3　涉税贸易瞒骗与走私的界限　/　009

　　1.4　涉税贸易瞒骗与申报不实违规的界限　/　011

2　价格瞒骗案例与相关规定　　015

　　2.1　以虚假发票低报进口服装价格（美国）　/　016

　　2.2　发票欺诈避税（美国）　/　018

　　2.3　低报有机大豆价格（韩国）　/　021

　　2.4　低报进口绿茶价格（韩国）　/　023

　　2.5　低报清扫用品及烧烤架进口价格（韩国）　/　024

　　2.6　伪造商业发票低报价格（新加坡）　/　026

　　2.7　伪造发票低报价格（新加坡）　/　028

　　2.8　低报进口旧汽车价格（中国台湾）　/　031

　　2.9　低报车辆及零附件价格（中国台湾）　/　033

　　2.10　低报进口产品价格（中国台湾）　/　036

　　2.11　虚报进口猪肉价格（日本）　/　038

| Ⅰ

3 原产地瞒骗案例与相关规定　　041

　　3.1　骗取反倾销反补贴税　/　042

　　3.2　骗取优惠税收待遇　/　056

　　3.3　出口伪报原产地（韩国）　/　066

4 伪瞒报商品名称或商品编码案例与相关规定　　069

　　4.1　伪瞒报商品名称　/　070

　　4.2　伪报商品编码　/　081

　　4.3　伪报商品规格　/　097

5 未申报走私、保税或过境走私、违禁品走私案例与相关规定　101

　　5.1　未申报走私　/　102

　　5.2　过境走私　/　114

　　5.3　过境虚假保税　/　120

　　5.4　违禁品走私　/　122

6 我国涉税贸易瞒骗案例与相关规定　　127

　　6.1　贸易瞒骗相关案例　/　128

　　6.2　贸易瞒骗相关法律规定　/　143

7 境内外走私行为的比较研究　　147

　　7.1　我国走私行为的法律界定及法律责任　/　148

　　7.2　境外走私行为的法律责任　/　154

　　7.3　境内外走私行为比较　/　158

8 境内外涉税贸易瞒骗法律责任的比较研究　　　　　　　161

8.1　我国涉税贸易瞒骗的法律责任　/　162

8.2　境外涉税贸易瞒骗的法律责任　/　164

8.3　境内外不同涉税贸易瞒骗的法律责任比较　/　167

附录　　　　　　　　　　　　　　　　　　　　　　　　171

1. 美国法律原文及翻译节选　/　171
2. 英国法律原文及翻译节选　/　178
3. 欧盟法律原文及翻译节选　/　180
4. 韩国法律原文及翻译节选　/　187
5. 新加坡法律原文及翻译节选　/　195
6. 日本法律原文及翻译节选　/　212

1

涉税贸易瞒骗的概念、种类和行为性质

1.1 涉税贸易瞒骗的概念和范围

商业欺诈（commercial fraud）行为，存在于各个国家（地区）内市场的交易、投资和服务领域，以及企业与企业之间或者企业与自然人之间，在国家（地区）内交易、投资和服务过程中，也常见商业欺诈行为，例如合同诈骗等，各国（地区）相关文件对这种商业欺诈行为，均采取不同程度的惩戒和防范措施，以建立和维护正常的市场秩序。

在跨境贸易领域，也有商业欺诈行为。跨境贸易领域的商业欺诈，不但有企业与企业之间的相互欺诈，也有企业对国家（地区）或者政府实施的欺诈，以骗取国家（地区）进出口环节的税款，或者逃避国家（地区）对进出口货物贸易的管制。

2008年，世界海关组织（World Customs Organizaion，简称 WCO）对跨境贸易领域的商业欺诈给出了定义[①]，即任何违反海关负责执行的法定或监管规定的违法行为。其目的在于：

——逃避或试图逃避支付对流动商业货物课征的关税 / 税款；和 / 或

——逃避或试图逃避适用于商业货物的任何禁令或限制；和 / 或

——接受或试图接受没有正当权利的任何还款、补贴或其他支付款；和 / 或

——获得或试图获得非法商业利益，损害合法商业竞争的原则与实践；和 / 或

——利用或试图利用商业来转移犯罪所得。

上述 5 类商业欺诈是商业主体在跨境贸易过程中对海关实施的不同目的的欺诈行为。

2022年，WCO 专家组通过调研和分析，撰写了《2021年非法贸易报告》（Illicit Trade Report，ITR），确定了以下几种最为常见的对海关的商业欺诈方

---

① 该定义是 WCO 关于商业欺诈的工作组作出的。

式和类型。

1.1.1 价格低估

2013 年，WCO 研究报告中将价格低估定义为"通过进行虚假申报，使申报价值低于货物实际交易价值，以逃避支付关税/消费税和/或逃避进口限制"等。价格低估欺诈的惯用手段主要有以下两种：一是通过伪造商业发票和其他申报文件，少报货物实际支付或应付的金额，例如特许权使用费和佣金；二是省略应当申报的必要因素，故意遗漏额外的费用，例如销售佣金、装运费等。

1.1.2 走私

根据《关于防止、调查和惩处违犯海关法罪实行行政互助的国际公约》（International Convention on Mutual Administrative Assistance for the Prevention, Investigation and Repression of Customs Offences，简称《内罗毕公约》），走私被定义为"以任何秘密方式将货物运过关境逃避海关监管的违法行为"。2018 年，《国际海关术语汇编》对走私的定义进行了补充："走私也可能包括某些违反领土内拥有和转移货物有关的海关立法的行为"，包括未经授权将货物从海关监管仓库、授权加工厂、自由贸易区等处转移出去的行为。

因此，走私不仅包含边境偷运应税商品、违禁品的行为，也包含擅自秘密转移境内保税品的行为。

1.1.3 错误描述

错误描述的最基本形式是故意在错误的商品编码下申报货物。在商业欺诈中，错误描述的主要目的是降低应缴关税税额或逃避进口限制。当错误描述是为了逃避贸易保护措施时，例如逃避反倾销、反补贴税，那么可能会导致较大的关税损失。

1.1.4 伪报原产地

伪报原产地是指任何故意违反和滥用原产地规则和/或双边或多边协定，以从两个或多个区域谈判达成的协定中获得经济利益，或者规避与货物原产地相关的贸易保护措施的欺诈行为。伪报原产地往往通过在第三国（地区）转运货物，以改变原产地或者伪造原产地证书或原产地声明来实现。由于原产地欺诈的跨地域性，即使发现了欺诈迹象，也很难迅速和准确地采取行动，因为获得援助、支持和信息交流的法律程序需要相当长的时间。

1.1.5 虚假申报

虚假申报包括虚假申报数量和虚假申报质量，其目的是获得不正当利益或逃避进口限制。例如，瑞士为减少挥发性有机化合物（Volatile Organic Compounds，简称 VOC）排放，征收 VOC 激励税，当含有 VOC 的产品进口时，将根据其含有的 VOC 数量征税，虚报数量即会逃避海关对税款的征收。

1.1.6 改变最终用途

某些情况下，国家（地区）会对为某些特定最终用途而进口的货物设置较低的关税，甚至是零税率。在此情况下，根据海关要求，需要提供最终用途证书，以证明进口商和最终用户只将进口商品用于声明的最终用途，未经批准，不转用、不转运、不向其他目的地再出口。改变最终用途欺诈包括将进口货物用于指定用途以外的各种行为，例如将进口货物出租、将进口货物用于规定行业外等。

以上 6 种商业欺诈方式涵盖了跨境贸易中所有的非法贸易行为，包含涉税边境走私、违禁品走私，提供虚假商业发票偷逃税，伪报原产地、商品编码和商品数量偷逃税，改变减免税货物用途偷逃税等。无论是哪一种商业欺诈行为，都是商业主体故意实施的欺诈或者瞒骗行为。

本书对 WCO 界定的上述商业欺诈范围不作全面讨论，重点对商业主体在跨境贸易的海关申报过程中，向海关伪报、瞒报各种涉税要素而偷逃税款的行为进行对比研究和探讨，其中边境偷运违禁品和应税货物的走私行为不作为重点研究对象，仅作比较和参照。

基于此，本书选择和呈现的案例，大部分是商业主体故意提供虚假商业单证，向海关虚假陈述，伪报、瞒报价格、数量、商品名称和原产地等偷逃进出口税款的行为。通过对各国（地区）此类案例进行对比、研究和分析，为海关、立法机构、研究机构和服务机构提供参考借鉴。

鉴于以上背景，本书所述的"贸易瞒骗"是指，商业主体在跨境贸易的货物进出口申报过程中，向海关提供虚假贸易单证或者进行虚假陈述，伪报价格、数量、商品名称和原产地等涉税要素，以偷逃国家（地区）税款的行为。

"贸易瞒骗"的适用范围，与WCO"商业欺诈"的内涵有较大的区别，也不同于"走私行为"。"商业欺诈"是一个大概念，不但包含跨境贸易海关申报渠道的瞒骗行为，而且包含边境秘密偷运的走私行为。本书所述的"贸易瞒骗"的范围，不包含边境秘密偷运涉税的普通货物走私以及边境秘密偷运违禁品走私，也不包含货物出入境时藏匿违禁品的走私。

1.2 涉税贸易瞒骗的种类

跨境贸易，就是货物从一个国家（地区）转移到另一个国家（地区），货物在不同国家（地区）之间流动。各国（地区）文件均要求商业主体从设立海关的口岸进出境，并且要求向海关如实申报进出境货物的相关要素，以便对进出境货物进行统计，征收关税（包含反倾销、反补贴税）或者进出口环节税，并对进出口的特殊货物进行禁止性或者限制性的管制。

根据不同的跨境贸易政策和文件，对于需要征收关税或者进出口环节税的货物，商业主体被要求向海关如实申报各种税收要素，例如，与货物相关的价格、数量、原产地和商品编码等，以便海关可以根据政策和相关规定，对进出境的不同货物征收不同水平的税款。如果商业主体向海关申报这些税收要素时，故意不如实申报，提供虚假的贸易单证欺骗海关，例如提交虚假的商业发票、装箱单或者虚假的原产地证书或声明，以达到偷逃关税或者进出口环节税的目的，就属于涉税贸易瞒骗。从笔者收集的各国（地区）贸易瞒骗案例和相关规定来看，常见的涉税贸易瞒骗有以下几种。

1.2.1 价格瞒骗

价格瞒骗是贸易瞒骗最常见的一种方式。笔者在整理各国（地区）的贸易瞒骗案例时，发现数量最多的就是价格瞒骗。所谓价格瞒骗，是指商业主体隐瞒真实的进出口货物交易价格，制作虚假的商业发票或者贸易合同，仅向海关申报一部分交易价格，剩余一部分交易价格未向海关申报，达到少缴税款的瞒骗目的。

有些情况下，进口商与境外供应商合作共谋，由供应商直接提供两套商业发票或者贸易合同，真实的商业发票和贸易合同用于支付国际贸易货款，虚假的商业发票或者贸易合同用于向海关进行虚假申报，瞒骗海关；有些情况下，虽然境外供应商提供了真实的贸易单证，但进口商不用真实的贸易单证向海关申报，自己另外制作一套虚假的贸易单证向海关申报纳税；有些情况下，供应商不提供任何商业发票和贸易合同，进口商自己制作一套报关用的商业发票和贸易合同，向海关进行虚假申报，偷逃税款。以上均属于价格瞒骗的不同表现形式。

如果境外供应商与境内进口商具有特殊关系，例如境外供应商和境内进口商是母子公司关系，或者跨国集团公司控制下的不同子公司之间的交易，虽然交易价格低于国际市场的正常交易价格，但交易主体之间没有隐瞒真实的实付或者应付交易价格，商业发票记载的也是真实价格，此种情况下向海关以较低价格申报属于特殊商业主体之间货物交易的转移定价范畴，这种低报价格方式不是贸易瞒骗。如果境外供应商是境内进口商在境外投资设立的公司，在境外进行开采或者生产其他产品，再由境内进口商进口到国内，此类进口货物可能不存在交易价格，因此即便进口商申报价格低于同类商品的市场价格，鉴于不存在真实的交易价格，这种低报价格情况也不属于价格瞒骗。

1.2.2 数量瞒骗

数量瞒骗是指商业主体明知进出口货物的数量，故意隐瞒不报，将虚假的商业发票或者其他虚假的申报文件提交给海关，或者进行其他方式的虚假陈述，只向海关申报一部分货物数量，缴纳申报部分的税款，偷逃未申报部分税款的行为。故意隐瞒一部分进出口货物数量，未向海关申报，或者将一种货物藏匿于另一种货物之中，用这种方式少报数量，都是贸易瞒骗的方式。这种少报数量的贸易瞒骗，一般是通过海关现场查验发现的。有的情况下，海关通过调查商业主体的会计账册或者记账凭证也可以发现，不过这种发现方式比较少见，相关证据也比较难收集，所以，此类案例较少。

1.2.3 原产地瞒骗

世界贸易组织（World Trade Organization，简称 WTO）最惠国税率适用于全球范围内大部分国家（地区）之间的货物贸易，世界范围内的不同经济体之间也存在各种不同形式的贸易协定，来自协定成员方的货物，可以适用比 WTO 最惠国税率更低的优惠税率。一个国家（地区）是否对来自境外的进口货物适用优惠税率，取决于货物的原产地，可凭出口商所在国（地区）或者贸易组织开具的原产地证书、原产地声明等原地产文件，享受贸易协定的关税税率。所以，原产地是一种很重要的跨境贸易要素，我国商业主体进口 WTO 成员方原产货物，均可享受最惠国关税税率。除此之外，我国还与拉美、东盟、亚太等签订了享受更优惠税率的贸易协定，如《区域全面经济伙伴关系协定》（Regional Comprehensive Economic Partnership，简称 RCEP）、《亚太贸易协定》（Asia-Pacific Trade Agreement）等，商业主体进口原产于这些协定缔约方的货物，在申报时提交原产地证书或者原产地声明，就可以享受比最惠国税率更加优惠的关税税率。如果商业主体向海关申报时，提交了虚假的原产地证书，或者有证据证明提交的原产地证书是从非法途径获得的，或者以其他形式故意申报与事实不符的货物原产地，导致偷逃应缴关税的，就属于原产地瞒骗。

1.2.4 商品名称瞒骗

海关对进出口货物征收多少税款，这不仅与进出口货物的交易价格、原产地有关，而且与商品名称和货物的商品编码有直接关系，不同的商品名称对应不同的商品编码，相应的关税税率也不同。如果商业主体将进口的高税率商品伪报为低税率商品，以达到少缴税款的目的，则这种伪报商品名称的行为属于商品名称瞒骗。

商业主体自己进口什么商品，理应具有明确的认知，若将"此商品"申报为"彼商品"，一般是故意而为之。由于不同的商品名称对应的商品价格特征比较明显，海关从申报价格上比较容易发现商品名称申报存在问题，因此，商业主体通过这样的低劣操作来偷逃税款的案例，比较少见。

但商品编码申报错误，导致少缴税款的事情，却经常发生。商品归类是一门"技术活"，商品归类错误，当事人不一定具有主观故意，大多是单纯的商品编码申报错误，不属于贸易瞒骗的范畴。而故意将明确的商品编码申报错误，或者经过海关多次纠正，仍然向不同的海关故意申报错误的商品编码，偷逃国家税款的，也可能被认定为贸易瞒骗。

1.2.5 保税货物瞒骗

进出口贸易方式中最常见的是一般贸易方式，即按照各个国家（地区）公布的税则税率照章征税。除此之外，各国（地区）根据本国（地区）的贸易政策，均有不同程度的特殊贸易方式，例如，自由贸易区的暂时保税贸易，加工出口的保税贸易，暂时免征进口关税、流转税和消费税等，还有一些特殊区域和扶持、鼓励产业的特殊关税优惠政策。

在上述特殊进口关税优惠政策下，进口货物可以免税或者减征关税及进口环节税。例如，加工贸易进口原料或者零配件，暂时免征关税和进口环节税；

跨境电子商务进口消费品，减征关税和进口环节税；特定鼓励类产业进口设备，减征关税或者进口环节税；边境居民之间贸易，免征关税和进口环节税；过境贸易，免征关税等。商业主体以上述贸易方式向海关申报免征税款时，如果采取伪报方式——向海关虚假陈述或者提供虚假的贸易文件向海关申报，骗取进口货物免税或者减税待遇的，属于保税货物瞒骗。

1.3 涉税贸易瞒骗与走私的界限

1.3.1 走私行为

根据《内罗毕公约》，走私被定义为"以任何秘密方式将货物运过关境逃避海关监管的违法行为"。2018 年，《国际海关术语汇编》在《内罗毕公约》的基础上，对走私的定义进行了补充："走私也可能包括某些违反领土内拥有和转移货物有关的海关立法的行为"，包括未经授权将货物从海关监管仓库、授权加工厂、自由贸易区等处转移出去的行为。

国际社会对走私的基本共识是：

— 从边境或者沿海地区秘密偷运；

— 主观认知的故意性；

— 具有非法的目的或者利益。

但是，对于走私对象是否存在非法性，即走私对象是否必须是违禁品，普通应税货物能否作为走私的对象，这个问题有一定的争议。

根据笔者对公约条文的理解，走私对象包括普通应税商品，不仅仅限于违禁品。也就是说，商业主体将违禁品或者应税物品，从一个国家或者地区的关境秘密地转移到另一个国家或者地区的关境内，牟取非法利益的行为，属于走私行为。

1.3.2 贸易瞒骗与走私的区别

贸易瞒骗与走私行为，从概念界定和公约条文来看，两者存在明显的区别。

一是行为方式不同。走私行为的基本特征是边境偷运，商业主体从边境或者海上，将货物秘密地在关境之间转移；贸易瞒骗的基本特征是欺骗，商业主体向海关伪报或者瞒报——仅申报了一部分价格或者数量，缴纳了一部分税款，隐瞒了一部分价格或者数量，偷逃了一部分税款，或者伪报进出境货物的原产地或者贸易方式等。

二是进出通道不同。走私货物的出入境通道，不经过设立海关的地点，而是绕越设立海关的地点，从边境或者海上未设立海关的地点偷运出入境；贸易瞒骗货物的出入境通道是经过海关的申报通道，商业主体向海关申报货物出入境时，隐瞒了一部分价格和数量，或者伪报原产地、贸易方式等，偷逃国家（地区）对应税货物部分进出口税款。

三是行为对象不同。走私的对象主要是违禁物品或应税物品，例如被国家法律明确列为禁止进口或者出口的物品（毒品、武器、文物、濒危动物及其制品等）；贸易瞒骗的对象仅仅是应税物品，不包含违禁品。

1.3.3 贸易瞒骗与走私行为的法律责任

通过查阅部分国家（地区）的相关规定，笔者发现，其中有的国家（地区）走私行为不包含贸易瞒骗行为，有的国家（地区）走私行为包含贸易瞒骗行为，虽然其规定的走私概念和范畴没有明确区分走私行为和贸易瞒骗行为，但在法律责任上给予不同的处罚，区别对待。

《美国法典》第18卷第545节规定，走私行为是指携带货物进出海岸不纳关税或者携带违禁品进出海岸的行为，最高刑期是20年。实践中，其将走私行为分为两类：一类为广义上的走私，即准备或者递交虚假文件的行为；另一类为狭义上的走私，即私下进口货物的行为，后者就是走私罪所规定的行为。在司法判例中，对上述两者的处罚完全不同。

《美国法典》第18卷第542节也规定了虚假陈述、提供虚假商业发票或者文件的贸易瞒骗行为，最高刑期只有2年，和/或处经济罚。

《俄罗斯联邦刑法典》第 188 条将贸易瞒骗偷逃税款的行为包含在走私范畴之中,但最高刑期只有 5 年,再加上经济罚,对违禁品走私最高刑是 15 年。

《法国海关法典》第 414 条规定,走私是指在未经海关检查的情况下非法进口、出口或转运违禁物品或逃税商品,该法同时规定,这些行为包括未申报或错误申报货物、使用虚假文件、隐藏货物等。也就是说,贸易瞒骗偷逃税款行为也包含在广义的走私之中,但是,最高刑期只有拘役 3 个月,再加上经济罚。而该法第 412 条规定,对于违禁品走私,包括毒品、武器等危险物品,刑事处罚的监禁期限最高可达 10 年。

日本海关法规定,走私是指未经许可,擅自通过非法途径将货物进出口、未按规定申报或者故意欺诈以逃避关税的方法将货物进出口。走私行为包括未申报、故意隐瞒、伪造文件等行为,包含了本书所说的贸易瞒骗行为,最高刑期是 10 年。但是,在实际案例中,对于贸易瞒骗行为,无论少缴税款的数额多大,少见超过 2 年期刑的处罚案例,以经济罚为主。

韩国关税法规定,走私行为主要是指偷运入境应税货物,但对虚假申报偷逃税款的行为,也是以走私论处,最高刑期是 5 年有期徒刑,再加上经济罚。

1.4 涉税贸易瞒骗与申报不实违规的界限

涉税贸易瞒骗的基本行为特征之一是主观故意,无论是"瞒"还是"骗",都是商业主体明知自己的申报行为将会导致少缴税款,却积极采取措施,欺骗海关,达到偷逃税款的目的。有些商业主体没有自行积极采取措施或主动实施瞒骗行为,而是采取与他人配合,间接放任他人为自己伪报或者瞒报的方式,少缴税款,牟取利益。无论是直接还是或者间接故意,贸易瞒骗都有主观故意的行为特征。

涉税申报不实是指商业主体向海关申报进出口货物时,货物的价格、商品编码和原产地等涉税要素申报与事实不符,导致少缴税款的行为。申报不实的行为特征是商业主体虽然具有一定的主观过错或者过失,但不是故意而为之。

根据我国海关法律和进出口贸易的实践，常见的贸易瞒骗与申报不实之间的界限，主要体现在以下几个方面。

1.4.1　瞒报价格与价格申报不实

进口货物时，商业主体向海关提交虚假的商业发票和交易合同等贸易单证文件，故意将真实交易价格低报，偷逃国家税款的，是价格瞒骗的偷逃税款行为，根据我国现行海关法律和刑法的相关规定，应当承担刑事法律责任。

但如果是因为疏忽大意或者其他过失，将完税价格低报的，例如双方的交易条件是 FOB（Free On Board，离岸价），而进口商将 FOB 价格当作 CIF（Cost Insurance and Freight，到岸价）价格向海关申报，漏报了运费和保险费，导致少缴税款，商业主体主观上有一定的过失，则构成申报不实的违规行为。根据我国海关法律的规定，对申报不实违规行为应予以行政处罚。

1.4.2　伪报原产地与原产地申报不实

进口货物向海关申报纳税时，提交虚假的原产地证书，或者提交非法途径获取的原产地证书，骗取适用优惠税率，导致少缴税款的，是原产地瞒骗的偷逃税款行为，根据我国现行海关法律和刑法的相关规定，应当承担刑事法律责任。

但如果进口商对货物的真实原产地，以及原产地证书的获取途径并不知情，则是主观上存在一定的过错。根据我国海关法律的规定，对原产地申报不实行为，应当承担过错责任，海关予以行政处罚。

1.4.3　伪报商品编码与税则号列申报不实

根据《商品名称及编码协调制度》（Harmonized Commodity Description and Coding System，HS，简称《协调制度》），每一种货物都有特定的商品编码，各国（地区）对每一种商品编码都赋予本国（地区）相应的进出口税率，商品编码申报错误，可能导致少缴税款。

因商品编码的规则复杂、技术性强，商业主体申报商品编码可能出现错误，单纯的商品编码申报错误并不是贸易瞒骗。但是，如果商业主体故意将进口货物的名称申报错误，将高税率的商品申报为低税率的商品，欺骗海关少缴税款的，则是伪报商品名称或者商品编码的贸易瞒骗行为，根据我国现行法律规定，应当承担刑事法律责任。

商业主体虽然没有故意将商品名称申报错误，但是未按照税则的明确规定申报正确的商品编码，主观上具有一定的过错，属于税则号列申报不实的违反海关监管行为，根据我国海关法律规定，对税则号列申报不实行为，海关予以行政处罚。

综上所述，涉税贸易瞒骗是商业主体为了少缴进出口关税或者进出口环节税，采取各种方法故意瞒骗海关的行为；涉税申报不实则是商业主体向海关申报的各种涉税要素与事实不符，主观上虽有一定的过错，但没有故意的申报行为。上述两种行为，可能造成相同的少缴税款的结果，但是行为主观危害程度不同，法律上给予处罚的方式也有明显区别。

《2021年非法贸易报告》框架内对WCO成员进行的一项调查显示，75%受访者认为，在过去两年中出现的商业欺诈方式主要包括虚假申报、走私、估价、空壳/临时公司、与药物相关的欺诈、原产地欺诈等，其中至少约57%为虚假申报、走私、估价和原产地欺诈。

所以，笔者将以部分国家（地区）的真实案例形式，主要从价格瞒骗、原产地瞒骗、伪报商品名称和走私偷逃税等角度，直观地呈现各种贸易瞒骗的行为特征和处罚方式，比较涉税贸易瞒骗与涉税走私之间的差异，比较我国法律与境外法律或相关文件对涉税贸易瞒骗的不同处罚方式。

2

价格瞒骗案例与相关规定

2.1 以虚假发票低报进口服装价格（美国）[1]

一、案例概述

2003—2012年，D公司和S公司采用两套不同的发票向服装制造商付款。第一套发票为"商业发票"（commercial invoices），通常由服装制造商与服装一起运出，然后由报关员提交给美国海关边境保护局[2]。商业发票包含识别服装数量、类型、款式、编号、原产地和最终目的地的信息。两公司向制造商支付商业发票上的金额。然而，商业发票只代表了实际支付给制造商的部分金额，低估了进口货物的价值。第二套发票为"借方发票"（debit notes），反映了实际支付给服装制造商的金额与商业发票之间的差异。借方发票是制造商或其代理人根据两公司指示准备的发票，反映了每件服装的统一费用，通常是2.50美元。

D公司和S公司均直接指示制造商及其代理人在计算订单关税之前扣除部分费用。两公司没有向CBP披露他们根据借方发票支付给制造商的金额，从而少报进口服装价值，相应地减少了应纳关税的义务。其中两个例子如下：

（1）2009年1月9日，D公司支付了编号为EXPT.KC0014/09的商业发票，金额为61,085.46美元，用于进口原产于越南的服装，最终目的地为新泽西州的哈里森。同一天，D公司支付了编号为EXPT.KC0014/09的借方发票，单价为每件2.50美元，记录的款式和数量与商业发票EXPT.

---

[1] 案例来源：Westlaw Classic 法律在线服务平台，https://legal.thomsonreuters.com/en/westlaw。查询时间：2022年8月15日。
[2] 美国海关包括美国海关边境保护局（U.S. Customs and Border Protection，简称CBP）与美国移民及海关执法局（U.S. Immigration and Customs Enforcement，简称ICE）。

KC0014/09相同。该借方发票列出的交易总额为16,830.00美元。该借方发票没有包含在提供给报关员的材料中，因此没有包括在为计算关税而准备的入境文件中，少缴约3,700美元的关税。

（2）2009年10月18日，D公司支付了编号为MB181009的商业发票，金额为68,673.74美元，用于进口原产于越南的服装，最终目的地为新泽西州的哈里森。同一天，D公司支付了编号为MB181009的借方发票，单价为每件1.00美元，款式和数量与商业发票相同。该借方发票列出的交易总额为11,041.50美元。该交易少缴大约1,700美元的关税。

政府估计，从2003年到2012年，被告D公司和S公司少缴纳数百万美元的关税。2014年1月24日，政府提起诉讼，理由是被告明知并欺诈性逃避数百万美元关税，要求赔偿和对被告实施处罚。被告接受了对其进口商品价值申报不足的指控，并同意支付1,000万美元作为赔偿金和罚款。

二、相关规定

（一）《美国联邦法典》第19卷第141节（商品入境）和第142节（入境程序）、《美国法典》第19卷第1484节（入境要求）

1.《美国联邦法典》第19卷第141节和第142节规定，入境需将提单或空运单、商业发票以及入境摘要7501表等文件或数据提交给相应的CBP官员，或以电子方式提交给ICE或其他CBP授权的电子数据交换系统以确保进口商品从CBP监管中放行。

2.《美国法典》第19卷第1484节规定了商品入境的要求和时间、商品放行、出示发票、生产成本声明、以电子方式传送数据的可接受性等。有资格成为备案进口商的一方，应亲自或由其书面授权的代理人，以合理谨慎方式通过向CBP提交必要的文件或根据授权的电子数据交换系统提交必要信息，使CBP能够确定是否可以放行该商品入境；通过向CBP提交商品的申报价值、归类和适用税率，以及其他文件，或根据电子数据交换系统，向CBP提交必要的其他信息，以使 CBP 能够正确评估商品关税、收集与该商品有关的准确统计数据，以及确定是否符合任何其他适用的法律要求。

（二）《美国法典》第 19 卷第 1505 节（支付关税与费用）与《美国联邦法典》第 19 卷第 141.101 节（关税缴纳时间）

根据《美国法典》第 19 卷第 1505 节和《美国联邦法典》第 19 卷第 141.101 节，进口商需在入境时向 CBP 交存估计关税。除非是定期缴纳，或者因仓储或运输而入境，或者以担保方式入境，否则进口商品应在入境时或规定时间（不迟于入境或放行后 12 个工作日）交存该商品估计应纳税费。

（三）《美国法典》第 31 卷第 3729 节（FCA 虚假索赔法案）

根据《美国法典》第 31 卷第 3729 节规定，故意制作、使用或导致制作、使用与向政府支付或转交资金财产义务有关的虚假记录或声明材料，或故意隐瞒、故意和不适当逃避或减少应向政府支付或转交资金财产义务的，有责任向美国政府支付民事罚款，具体金额应根据通货膨胀进行调整，并加上政府因该人行为而损失金额的 3 倍。同时，"公益代位"原告可获得至少 15% 但不超过 25% 的诉讼收益或赔偿金，取决于该人对诉讼的起诉所做出的贡献。本案中被告 D 公司前雇员获得 210 万美元的原告份额。

2.2 发票欺诈避税（美国）[①]

一、案例概述

S 服装公司在 2004—2015 年从事两种类型的"双重发票"计划。在该公司所有人、总裁兼首席执行官 B 的指示下，该公司编制和使用虚假发票，少报进口货物的实际价值，欺诈性少付关税，以逃避应付关税。

首先，2007—2010 年，B 指示出口制造商为每批货物提供两套发票。

---

① 案例来源：美国司法部官网媒体发布，https://www.justice.gov/usao-sdny/pr/ceo-clothingcompany-sentenced-prison-million-dollar-customs-fraud。查询时间：2022 年 8 月 21 日。

第一张发票在电子邮件中被称为"付款人发票",反映了该公司为货物支付的实际价格;第二张发票反映了虚假和不准确的低价。在B指示下,该公司通过其海关代理人向CBP申报低价发票,以支付较低关税。

其次,2010—2015年,B指示出口商为一批货物提供了两套单独发票,其总和为货物实际支付的真实价格。第一张是"商业发票",描述了所购货物,由该公司报关行提交给CBP;第二张发票声称为"样本""配件""佣金"或"测试费用"的发票,事实上,这些发票金额是该公司就所购货物实际支付价格与"商业发票"的差额。B指示该公司未在CBP入境表格上申报"样本""配件"等发票的价值。

该公司的欺诈行为导致政府损失了超过100万美元的税收。2014年11月,举报人根据FCA虚假索赔法案对被告提出诉讼;2019年4月,政府提起诉讼,并提出索赔要求;2019年6月,政府对B提起刑事诉讼;2020年1月,B对共谋实施电汇欺诈这一罪名表示认罪;2020年12月,B被判处六个月监禁和三年监外看管,并被没收1,667,661美元和支付同等价值赔偿。

二、相关规定

(一)《美国法典》第31卷第3729节(FCA虚假索赔法案)

"一般情况下,任何人有如下行为:

"(A)故意提出或导致提出虚假或欺诈性的付款或批准要求。

"(B)故意制作、使用或导致制作或使用与虚假或欺诈性索赔有关的虚假记录或陈述。

"(C)密谋实施违反第(A)、(B)、(D)、(E)、(F)或(G)项的行为。

"(D)拥有、保管或控制政府使用的或将要使用的财产或金钱,并故意交付或导致交付的金钱或财产短缺。

"(E)被授权制作或交付证明收到政府使用或将使用的财产的文件,并有意欺骗政府,在不完全知道收据上的信息是真实的情况下制作或交付收据。

"（F）故意从政府官员或雇员或武装部队成员那里购买公共财产，或接受其作为担保或债务的质押，而该官员或雇员或武装部队成员在法律上不得出售或质押财产；或

"（G）故意制作、使用或导致制作或使用与向政府支付或转交金钱或财产的义务有关的虚假记录或陈述，或故意隐瞒或故意避免或减少向政府支付或转交金钱或财产的义务。

"有责任向美国政府支付民事罚款及政府因该人行为而遭受损失的3倍金额。"

（二）《美国法典》第18卷第542节（刑事犯罪与诉讼—以虚假声明方式进境货物罪）

"通过虚假陈述的方式进口货物犯罪行为的刑事处罚如下：

"任何人通过任何欺诈性或虚假的发票、声明、宣誓书、信件、文件，或通过任何书面或口头的虚假陈述，或通过任何虚假或欺诈性的做法，将任何商品进口、引入或试图进口、引入美国商业领域；或在没有合理理由相信其真实性的情况下，在任何声明中作出虚假陈述，或促使对任何重要事项作出虚假陈述，无论美国是否可能因此损失任何合法的关税；或

"犯有任何故意的行为或疏忽，使美国将会或可能被剥夺该发票、声明、宣誓书、信件、文件或声明中所包含或提及的商品的任何合法关税，或受到该行为或疏忽的影响——

"应就本节下的每项罪行处以罚款或不超过两年的监禁，或两者并罚。"

（三）《美国法典》第18卷第1342节（刑事犯罪与诉讼—电汇欺诈罪）

《美国法典》第18卷第1342节规定了对通过电信、广播或电视进行欺诈犯罪的处罚，一般情况如下：任何人，设计或意图设计方案或手段以进行欺诈，或通过虚假或欺诈性的伪装、陈述或承诺来获得资金财产，通过州际或外国商用的有线、无线或电视通信手段传输任何文字、符号、信号、图片、音频等信息实施欺诈行为的，如被定罪可处以罚款或最高20年的有期徒刑，或两者并罚。

2.3 低报有机大豆价格（韩国）[①]

一、案例概述

A 是株式会社 V、W、X 的运营者。2001—2009 年，A 分别以株式会社 V、W、X 的名义进口 M 国产有机大豆。A 于 2008 年 1 月 9 日从 M 国 Y 公司进口 2007 年产有机大豆，为了影响税额，以低于实际购买价格申报进口，包括虚报征税价格在内，到 2009 年 4 月 22 日左右，共申报进口 17 批次。

B 在食品制造企业 E 公司的环保购买部门担当部长，2001—2010 年，负责 M 国产有机大豆的购买业务。2002 年 9—12 月多次前往 M 国 Y 公司办公地，协商以每吨 650 美元的价格购买 2002 年产有机大豆。

C 从 1999 年至 2007 年，以农水产品批发企业 AS、股份公司 AO 的运营者身份，进口 M 国有机大豆。

在具体操作过程中，被告人 A 向被告人 B 传真大豆报价及 M 国产大豆收成报告书，表示将以每吨 250 美元的价格购买有机大豆进行进口申报，并以此为基础，提出 E 应支付给 V 的"基准价格"为每公斤 2,700 韩元。其中，向 M 国出口者支付的货款为 780 韩元（以每吨 650 美元换算成 1,200 韩元的每公斤金额）+ 关税 1,495 韩元（进口申报价格 250 美元适用关税率 498.6% 的金额）+ 通关经费 170 韩元 + 企业利润 255 韩元。B 以与 Y 公司达成协议的物品货款为基础，研究包括进口申报价格在内的上述报价合理性后，将标准价格定为每公斤 2,700 韩元。

此后，A 与 C 协商，以 AS 公司名义向相关海关申报进口 100 吨 M 国产有机大豆，为了追补差额，以每吨 150 美元的价格申报进口。上述有机

[①] 案例来源：Case Note 判例搜索服务平台，https://casenote.kr/。查询时间：2022 年 11 月 6 日。

大豆进口后，B 适用进口申报时的汇率计算最终购买单价后，向某豆类工厂职员通报"2002 年产大豆的基准单价为每公斤 2,700 韩元（标准汇率 1,200 韩元），进口申报时汇率为 1,243 韩元，最终购买单价为 2,715 韩元，进口关税为每吨 1,231 美元（250 美元/吨 × 492.4%）"，2003 年 5 月 10 日向 A 支付了 100 吨有机大豆的 271,500,000 韩元（最终购买单价为每公斤 2,715 韩元）。

因此，A、B、C 共谋于 2003 年从 Y 公司进口 100 吨上述 2002 年产有机大豆时，实际购买价格为每吨 650 美元，但没有按此申报进口价格，而是以每吨 150 美元申报进口，逃税 299,567,926 韩元。被告人从 2002 年至 2009 年，合计 135 次，共逃税 50,312,924,241 韩元。

A 被判处有期徒刑 1 年。B、C、E 公司均无罪。B 与 E 仅仅因为事先知道并容忍犯罪主体的违法行为，作为违反韩国关税法的共同罪行进行处罚是不够的，必须达到与犯罪主体融为一体，利用违法行为将被告逃税的意图付诸行动的程度；C 只是代理进口，而不知道是否低价申报，因此没有足够客观的证据来确认他符合共谋的事实。

二、相关规定

（一）韩国关税法第 270 条（对逃避关税的处罚）

"①凡涉及第 241 条第 1 款和第 2 款或第 244 条第 1 款任何一项的人，如果根据第 244 条第 1 款的规定进行进口申报，应处以不超过 3 年的有期徒刑，或处以不超过所逃关税金额 5 倍或货物成本的罚款，以较高者为准。在这种情况下，第 1 款中提到的货物成本应只解释为相对于整个货物中的逃税率的货物成本。

"1. 为了影响税额的确定而虚假申报或不申报应纳税额或海关税率的人。

"1-2. 以虚假文件申请第 86 条第 1 款规定的初步审查，以影响税额的确定者。

"2. 为规避法律、法规规定的进口限制而进口部分货物，或将未完成或不完整的货物或具有主要特征的成品分成若干部分而进口的人。"

（二）韩国关税法第241条（关于出口、进口或退货的申报）

第1款："任何打算出口、进口或退货的人应向海关负责人申报相关货物的项目、标准、数量和价格，以及总统令规定的其他事项。"

2.4　低报进口绿茶价格（韩国）[①]

一、案例概述

A 于 2003 年 3 月在韩国梁山市上北面所土里 916-3 所在的梁山海关申报进口绿茶 6,000 公斤，实际进口价格为 2,640 美元，但为了影响税额，虚假申报征税价格为 720 美元，逃脱了相当于其差额 1,920 美元的关税 12,449,130 韩元。截至 2005 年 9 月 9 日，A 以同样的方法实施了 14 次进口，共计逃税 197,855,840 韩元。

A 被判处有期徒刑 1 年，缓期 2 年执行。

二、相关规定

韩国关税法第270条（对逃避关税的处罚）[第7887号]

"①凡涉及第241条第1款和第2款或第244条第1款任何一项的人，如果根据第244条第1款的规定进行进口申报，应处以不超过3年的有期徒刑，或处以不超过所逃关税金额5倍或货物成本的罚款，以较高者为准。在这种情况下，第1款中提到的货物成本应只解释为相对于整个货物中的逃税率的货物成本。

"1. 为了影响税额的确定而虚假申报或不申报应纳税额或海关税率的人。

"1-2. 以虚假文件申请第86条第1款规定的初步审查，以影响税额的确定者。

[①] 案例来源：Case Note 判例搜索服务平台，https://casenote.kr/。查询时间：2022 年 11 月 6 日。

"2. 为规避法律、法规规定的进口限制而进口部分货物，或将未完成或不完整的货物或具有主要特征的成品分成若干部分而进口的人。"

2.5　低报清扫用品及烧烤架进口价格（韩国）[①]

一、案例概述

A 是 B 公司的实际代表理事，C 是 A 的夫人，是上述公司的执行经理。

2009 年 6 月，A 操作 B 公司从外国进口相当于 30,648.8 美元的 49,120 个拖把头（MOP HEAD），向仁川海关谎称进口金额为 12,771 美元，偷逃关税 2,252,310 韩元。截至 2013 年 11 月，通过上述方法虚假申报进口清洁用品 121 次，偷逃关税共计 143,280,200 韩元。

2010 年 11 月，前述被告人共谋从中国进口价值 19,057 美元的 28,510 个烧烤架，并向仁川海关以 13,581 美元的低价虚假申报进口。截至 2013 年 5 月，三者通过上述方法先后 4 次进口烧烤架，以合计 40,391 美元的价格虚假申报进口，实际货物价值合计约 109,054 美元。

韩国关税法第 241 条、第 244 条和第 270 条规定，出口、进口或退回货物时，应向海关如实申报该货物的品名、规格、数量、价格以及其他规定事项，不得为影响税额决定而虚假申报价格或者税率，或者不申报征税价格或税率而进口货物。违者应处以 3 年以下有期徒刑，或处以不超过偷逃关税数额 5 倍或有关货物成本的罚款，以较高者为准。

根据以上规定，本案对 A 处以 80,000,000 韩元罚款，对 C 处以 30,000,000 韩元罚款，对 B 公司处以 30,000,000 韩元罚款。A、C 若未缴纳上述各项罚款，则将 200,000 韩元换算成 1 天的劳役，被留置到各劳役场。

[①] 案例来源：Case Note 判例搜索服务平台，https://casenote.kr。查询时间：2022 年 11 月 8 日。

二、相关规定

（一）韩国关税法第 279 条（共同处罚规定）[第 10195 号]

"①法人代表、法人或个人的代理人、雇员、其他员工，在与公司或个人的业务有关的情况下，犯有第十一章规定的适用刑罚条款（不包括第 277 条规定的过失罚款）的罪行时，除对该罪犯进行处罚外，还应根据各有关条款对法人或个人进行罚款。但本条不适用于该法人或个人对相关职责给予适当关注和监督以防止此类违法行为的情况。"

（二）韩国关税法第 270 条（对逃避关税的处罚）[第 10195 号]

"①凡涉及第 241 条第 1 和 2 款或第 244 条第 1 款任何一项的人，如果根据第 244 条第 1 款的规定进行进口申报，应处以不超过 3 年的有期徒刑，或处以不超过所逃关税金额 5 倍或货物成本的罚款，以较高者为准。在这种情况下，第①款中提到的货物成本应只解释为相对于整个货物中的逃税率的货物成本。

"1. 为了影响税额的确定而虚假申报或不申报应纳税额或海关税率的人。

"1-2. 以虚假文件申请第 86 条第 1 款规定的初步审查，以影响税额的确定者。

"2. 为规避法律、法规规定的进口限制而进口部分货物，或将未完成或不完整的货物或具有主要特征的成品分成若干部分而进口的人。"

（三）韩国刑法第 30 条（共同犯罪）[第 12575 号]

"如果两个或两个以上的人共同犯罪，他们中的每一个人都应作为所犯罪行的主犯受到处罚。"

2.6 伪造商业发票低报价格（新加坡）[①]

一、案例概述

新加坡人何某是 S 公司的唯一董事。2019 年 6 月，新加坡税务局（IRAS）对何某的进口商客户提交的消费税申报表进行了检查，发现货物清关许可证（CCP）存在差异。IRAS 随后寻求新加坡海关的协助，发现进口商在 CCP 副本中所述的消费税金额高于新加坡海关的记录。经核实，进口商已经支付了其 CCP 副本中反映的消费税金额。

经调查，何某通过在客户的商业发票上粘贴更改过的数值，掩盖原始发票金额。何某复印这些伪造的商业发票，并提供给报关代理，以便申请 CCP。有时，何某从客户那里收到的商业发票是可编辑的文件，他可以直接修改价值。报关代理根据从 S 公司收到的文件向海关支付应付的消费税，并据此向 S 公司收取支付给海关的消费税。一旦 CCP 被批准，报关代理就会将 CCP 发送给 S 公司。何某的行为导致了货物价值的低报和向新加坡海关少付消费税。

何某篡改批准的 CCP 中的价值和消费税金额，并将篡改后的 CCP 提供给他的客户。这让客户以为已经向新加坡海关支付了正确的消费税金额。因此，何某从客户处收取的消费税金额和通过报关代理向海关支付的较低的消费税金额之间的差额中获利。

何某在 2015 年至 2019 年间，通过向报关代理提供客户进口货物的虚假价值，实施了 632 次上述行为，所逃避的消费税总额达 1,252,100.18 美元。

何某承认了 3 项欺诈性逃税的指控，涉及 327 张伪造的发票，共计逃税 744,969.34 美元，以及 3 项涉及 328 个 CCP 的伪造文件的指控。另外

[①] 案例来源：新加坡海关官网媒体发布，https://www.customs.gov.sg/news-and-media/media-releases/。查询时间：2022 年 10 月 16 日。

3 项涉及 304 张伪造发票的欺诈性逃税指控，共计逃税 507,130.84 美元，其在量刑时被考虑在内。何某被判处 8 个月监禁和 4,419,000 美元罚款。

二、相关规定

（一）新加坡海关法第 128A 条（与伪造文件有关的罪行）

"（1）任何人，如果——

"（a）伪造或篡改，或在伪造或篡改后使用——

"（ⅰ）根据本法需要或可能需要的任何文件；或

"（ⅱ）在与海关有关的任何业务或事项的交易中使用的任何文件；或

"（b）欺诈性地更改任何文件，或伪造任何海关官员的印章、签名、缩写或其他标记，或用于核实任何此类文件，或用于任何货物的安全或与海关有关的业务的任何其他目的。即构成犯罪。

"（2）当任一此类文件被证明全部或部分是伪造或变造的，指称该文件是在无意中制作或使用的，或没有犯罪或欺诈意图，不能成为辩护理由。"

（二）新加坡海关法第 128D 条（与欺诈性规避有关的罪行）

"任何人以任何方式参与欺诈性规避或试图欺诈性规避任何关税或消费税的行为，均属犯罪。"

（三）新加坡海关法第 128L 条（对各种罪行的处罚）

"（1）任何人犯了第 128 条第 1 款、第 128A 条第 1 款、第 128B 条第 1 款或第 128C 条规定的罪行[①]，一经定罪，可处以不超过 10,000 美元，或相当于应缴关税、消费税或税款数额的罚款，以数额较大者为准，或处以不超过 12 个月的监禁，或两者并罚。

"（2）除第 3 款的规定外[②]，任何犯有特定罪行的人，一经定罪，可处以下列罚款。

"（a）不少于因犯罪而逃避缴纳的关税、消费税或税款的 10 倍，或 5,000

[①] 详见附录 5。
[②] 详见附录 5。

美元，以数额较小者为准，但如果该特定罪行涉及全部或部分由相关烟草制品组成的货物，则最低为 1,000 美元；以及

"（b）不超过本可逃避的关税、消费税或税款的 20 倍或 5,000 美元，以数额较大者为准。

"但如果不能确定关税或消费税的数额，则可处以不超过 5,000 美元的罚款，但如果该特定罪行涉及全部或部分由相关烟草制品构成的货物，则最低罚款为 1,000 美元。"

2.7 伪造发票低报价格（新加坡）[①]

一、案例概述

（一）进口机动车案

S 是 T 公司的经理，该公司由其父母拥有。新加坡海关官员发现两个机动车贸易商提交的事实声明（DOF）存在差异，该声明用于支付机动车的关税和消费税。海关官员还发现，与事实声明一起提交的商业发票与一家海外供应商开给 T 公司的发票相似。

经调查，S 购买了 195 辆机动车，为了逃避支付机动车的全部关税和消费税，压低了发票上的价值，漏缴关税和消费税总额分别约为 224,520 美元和 91,610 美元。

S 还面临两项向新加坡海关提供虚假陈述的指控。在 2018 年 3 月和 2018 年 9 月，海关官员两次发出通知，要求 S 到海关协助调查，但他声称自己在海外，无法到场接受调查，而实际上他在新加坡。S 对欺诈性逃避关税和消费税的指控表示认罪，被处以约 134.7 万美元的罚款。

---

① 案例来源：新加坡海关官网媒体发布，https://www.customs.gov.sg/news-and-media/media-releases/。查询时间：2022 年 10 月 20 日。

（二）邮寄进口手提包案

余某是一家手提包零售商的合伙人，2011年10月—2013年10月，41次通过邮包进口了2,338个品牌手袋。他指示供应商在提交给新加坡海关的进口文件中注明进口货物的价值低于400美元，以避免支付消费税。根据新加坡相关法律规定，除应税货物外，以邮包方式进口的货物价值低于400美元的，不需要缴纳消费税。

2012年4月—2014年2月，余某曾14次前往海外，购买了519件商品，其中包括品牌包、钱包、衬衫、雨伞和鞋子，以便在新加坡销售。尽管知道进口到新加坡销售的商品需要缴纳消费税，但余某在抵达樟宜机场时并没有申报商品以支付消费税。

他在这些货物上逃避的消费税总额超过54,460美元。余某对指控表示认罪，被处以19万美元罚款。

（三）电动滑板车案

W是一家电动滑板车及配件进口公司的独资经营者。2014年8月—2015年4月，W有48次进口电动滑板车及配件时少报了货物的进口价值，导致漏缴消费税8.1万美元。W对15项指控表示认罪。另外33项指控在量刑时被考虑在内。

对此，W因向新加坡海关提交带有进口报关单的假发票而被罚款96,667.45美元。

二、相关规定

（一）新加坡海关法第128D条（与欺诈性规避有关的罪行）

"任何人以任何方式参与欺诈性规避或试图欺诈性规避任何关税或消费税的行为，均属犯罪。"

（二）新加坡海关法第128L条（对各种罪行的处罚）

"（1）任何人犯了第128条第1款、第128A条第1款、第128B条第1款或第128C条规定的罪行，一经定罪，可处以不超过10,000美元，或相当于应缴关税、消费税或税款数额的罚款，以数额较大者为准，或处以不超过 12 个月的监禁，或两者并罚。

"（2）除第 3 款的规定外，任何犯有特定罪行的人，一经定罪，可处以下列罚款——

"（a）不少于因犯罪而逃避缴纳的关税、消费税或税款的 10 倍，或 5,000 美元，以数额较小者为准，但如果该特定罪行涉及全部或部分由相关烟草制品组成的货物，则最低为 1,000 美元；以及

"（b）不超过本可逃避的关税、消费税或税款的 20 倍或 5,000 美元，以数额较大者为准。

"但如果不能确定关税或消费税的数额，则可处以不超过 5,000 美元的罚款，但如果该特定罪行涉及全部或部分由相关烟草制品构成的货物，则最低罚款为 1,000 美元。"

（三）新加坡海关法第 129 条（对拒绝回答问题或提供虚假信息、虚假文件的处罚）

"（1）任何人在本法要求其回答任何适当的海关官员向其提出的任何问题，或提供该官员可能合理地要求其提供的任何信息或文件，而该人又有能力提供的情况下——

"（a）拒绝回答问题或未如实回答问题；

"（b）拒绝提供此类信息或出示此类文件；或

"（c）将该人知道或有理由相信是虚假的信息或文件作为真实信息或文件提供，即属犯罪，一经定罪，可处以不超过 5,000 美元的罚款或不超过 12 个月的监禁，或两者并罚。

"（2）当任何此类回答、信息或文件被证明全部或部分不真实或不正确时，不可声称此类回答、信息、文件或其任何部分是在无意中或在没有犯罪或欺诈意图的情况下作出、提供或出示的，或被举报人提供的译员误解或没有完全解释，是无效的。

"（3）本节中没有任何规定要求当事人回答任何有可能使其受到刑事指控

或惩罚、没收的问题。"

2.8 低报进口旧汽车价格（中国台湾）[①]

一、案例概述

贸易公司 A 委托某报关公司于 2015 年 12 月报运进口美国产旧汽车，原申报价格单价为 FOB 30,400 美元，电脑核定以文件审核方式通关，经核准，依相关规定缴纳保证金后，先行验放，事后再审查。后经复查改按单价 FOB 61,000 美元核估完税价格。

经审查，海关认为贸易公司 A 缴验不实发票，虚报进口货物价值，逃漏税费，且贸易公司 A 系于 5 年内再违反同一规定。对贸易公司 A 处以所漏进口税额 3 倍（新台币 497,133 元）罚款，并追征税费新台币 1,003,022 元（含进口税新台币 332,504 元、货物税新台币 669,758 元及推广贸易服务费新台币 760 元）；逃漏货物税部分，处以所漏货物税额 1 倍（新台币 333,789 元）罚款；逃漏营业税部分，处以所漏营业税额 0.6 倍（新台币 43,392 元）罚款；逃漏特种货物及劳务税部分，处以所漏特种货物及劳务税额 1 倍（新台币 304,739 元）罚款。

二、相关规定

（一）所谓"海关缉私条例"第 37 条、第 44 条、第 45 条（处罚）

第 37 条第 1 款："报运货物进口而有下列情事之一者，得视情节轻重，处以所漏缴进口税额 2 倍至 5 倍之罚款，或没入或并没入其货物：（1）虚报所运货物之名称、数量或重量；（2）虚报所运货物之品质、价值或规格；（3）缴验伪造、变造或不实之发票或凭证；（4）其他违法行为。"

[①] 案例来源："司法院"法学资料检索系统—裁判书系统，https://lawsearch.judicial.gov.tw/default.aspx。查询时间：2022 年 11 月 18 日。

第44条："有违反本条例情事者，除依本条例有关规定处罚外，仍应追征其所漏缴或冲退之税款。但自其情事发生已满5年者，不得再为追征或处罚。"

第45条："追征或处罚之处分确定后，5年内再犯本条例同一规定之行为者，其罚款得加重二分之一；犯3次以上者，得加重1倍。"

（二）所谓"货物税条例"第32条（罚款）

第32条第10款："纳税义务人有下列情形之一者，除补征税款外，按应补征税额处以1倍至3倍罚款：1.……10.进口之应税货物，未依规定申报。"

（三）所谓"加值型及非加值型营业税法"第20条、第51条（处罚）

第20条第1款："进口货物按关税完税价格加计进口税后之数额，依第10条规定之税率计算营业税额。"

第51条第1款第7项："纳税义务人，有下列情形之一者，除追缴税款外，按所漏缴税额处5倍以下罚款，并得停止其营业：1.……7.其他有漏税事实者。"

（四）所谓"特种货物及劳务税条例"第23条（罚款）

第23条第4款："产制或进口第2条第1款第2项至第6项规定之特种货物，其纳税义务人有下列逃漏特种货物及劳务税情形之一者，除补征税款外，按所漏税额处3倍以下罚款：1.……4.进口之特种货物未依规定申报。"

（五）旧汽车审价

适用所谓"关税法"第35条规定核估完税价格者，依下列顺序办理：（1）参酌第29条至第34条所定核估完税价格之原则，在合理范围内，弹性运用核估完税价格。（2）如有已经海关核定之相同型式年份之同样或类似新车离岸价格者，以该离岸价格扣减折旧，另加运费及保险费计算完税价格。自北美地区进境之旧汽车，如查无前述离岸价格，即按 KELLEY BLUE BOOK 所列相同型式年份新车批发价格 DEALER INVOCE 扣减折旧后之价格，须与美国 N.A.D.A. 旧汽车行情杂志上所列 AVERAGE TRADE-IN 价格比较后，从低核估。但改装车、手工制造车、少量车及其他具保值性之特殊车辆不适用本款规定。（3）参考输出地出口行情，另加运费及保险费计算完税价格，或参据向境内代理商、专业商、汽车商业公会询得之行情价格核估。（4）以其他合理方法查得之价格核估。

2.9　低报车辆及零附件价格（中国台湾）[①]

一、案例概述

（一）车辆及零附件案

A 汽车公司委托 B 运通公司某年 5 月向海关申报进口德国产二手车一辆及零附件一批，其中汽车申报单价 CFR 68185 英镑，2~7 项次零部件申报单价依次为 CFR GBP（英镑）75/PCE、10/PKG、25/PCE、10/PCE、15/PCE 及 50/PCE，且依相关规定，准其缴纳相当金额的保证金后，先行验放货物，事后再审查。后经海关审价结果，汽车应按 FOB 83521.02 英镑核估完税价格，零附件部分接受原申报。除以上保证金抵充税款外，另通知补税，合计已征税款新台币 3,650,122 元。

经继续调查，本案实际进口车型取得实际卖方提供发票影印本，其上所载的交易金额为 360,000 欧元，也并未授权其他公司开立本案销售发票，故确认 A 汽车公司涉缴验伪造发票、虚报进口货物价值、逃漏税费的违章行为。报单项次 1 的汽车及项次 2、6、7 的零附件，再分别改按 FOB（欧元）350000/UNT 及 1700/PCE、680/PCE、740/PCE 核估完税价格。

A 汽车公司被处以所漏缴进口税额 2 倍的罚款计新台币 4,084,890 元、货物税额 1 倍的罚款计新台币 4,008,945 元、营业税额 1.5 倍的罚款计新台币 1,335,970 元、特种货物及劳务税额 2 倍的罚款计新台币 3,648,140 元，并追征所漏缴上述所有税款计新台币 7,511,287 元（含进口税新台币 1,753,452 元、货物税新台币 3,429,038 元、营业税新台币 764,542 元、特

[①] 案例来源："司法院"法学资料检索系统—裁判书系统，https://lawsearch.judicial.gov.tw/default.aspx。查询时间：2022 年 11 月 18 日。

种货物及劳务税新台币 1,560,212 元及推广贸易服务费新台币 4,043 元）。

（二）汽车案

C 汽车公司委托 D 报关有限公司于 2015 年 7 月 13 日向海关申报进口意大利产制 2015 年汽车，原申报单价为 CIF 801,720/UNT，经海关实施计算机审核以货物查验（C3）方式通关，并按该汽车公司申请，依相关规定，缴纳保证金后，先行验放，事后再加审查。经海关审价结果，原申报改按 FOB EUR1,134,160/UNT 核估完税价格，审认 C 汽车公司涉有缴验不实发票，虚报进口货物价值，逃漏税费之违章成立，对该汽车公司处所漏关税额 2 倍的罚款计新台币 4,062,642 元，追征税费共新台币 7,011,507 元（包括进口税新台币 2,031,321 元、营业税新台币 886,527 元、货物税新台币 4,091,661 元及推广贸易服务费新台币 1,998 元）；逃漏货物税部分，处所漏货物税额 1 倍的罚款计新台币 4,091,661 元；逃漏营业税部分，因于被告裁罚处分前，原告同意以足额保证金抵缴应补缴税款，处所漏营业额 1 倍的罚款计新台币 886,527 元；逃漏特种货物及劳务税（即特销税）部分，处所漏特销税额 1 倍的罚款计新台币 1,861,705 元。

二、相关规定

（一）所谓"关税法"第 18 条、第 29 条（处罚）

第 18 条："进口货物有下列情事之一者，不得依第一项规定先行征税验放。但海关得依纳税义务人之申请，准其缴纳相当金额之保证金，先行验放，并限期由纳税义务人补办手续，届期未补办者，没收其保证金。（1）纳税义务人未实时检具减、免关税有关证明文件而能补正。（2）纳税义务人未及申请签发输入许可文件，而有即时报关提货之需要。但以进口货物属准许进口类货物者为限。（3）其他经海关认为有缴纳保证金，先行验放之必要。依法得减免关税之进口货物，未依前项第一款规定申请缴纳保证金而缴税者，得于货物进口放行前或放行后四个月内，检具减、免关税有关证明文件申请补正及退还其应退之关税。"

第 29 条第 1 款、第 2 款："从价课征关税之进口货物，其完税价格以该进口货物之交易价格作为计算根据。""前项交易价格，指进口货物由输出国销售至台湾实付或应付之价格。"

（二）所谓"海关缉私条例"第 37 条、第 44 条（处罚）

第 37 条第 1 款："报运货物进口而有下列情事之一者，得视情节轻重，处以所漏进口税额 2 倍至 5 倍之罚款，或没入或并没入其货物：（1）虚报所运货物之名称、数量或重量。（2）虚报所运货物之品质、价值或规格。（3）缴验伪造、变造或不实之发票或凭证。（4）其他违法行为。"

第 44 条："有违反本条例情事者，除依本条例有关规定处罚外，仍应追征其所漏或冲退之税款。但自其情事发生已满 5 年者，不得再为追征或处罚。"

（三）所谓"营业税法"第 51 条（处罚）

第 51 条第 1 款第 7 项："纳税义务人，有下列情形之一者，除追缴税款外，按所漏税额处 5 倍以下罚款，并得停止其营业：1.……7. 其他有漏税事实。"

（四）所谓"货物税条例"第 32 条（罚款）

"纳税义务人有下列情形之一者，除补征税款外，按应补征税额处三倍以下罚款：（1）未依第十九条规定办理登记，擅自产制应税货物出厂。（2）应税货物查无货物税照证或核准之替代凭证。（3）以高价货物冒充低价货物。（4）免税货物未经补税，擅自销售或移作他用。（5）将货物税照证及货物税缴款书，私自窜改或重用。（6）厂存原料或成品数量，查与账表不符，确系漏税。（7）短报或漏报出厂数量。（8）短报或漏报销售价格或完税价格。（9）于第二十五条规定停止出厂期间，擅自产制应税货物出厂。（10）国外进口之应税货物，未依规定申报。（11）其他违法逃漏、冒领或冒冲退税。"

（五）所谓"特种货物及劳务税条例"第 23 条（罚款）

第 23 条第 4 款："产制或进口第 2 条第 1 款第 2 项至第 6 项规定之特种货物，其纳税义务人有下列逃漏特种货物及劳务税情形之一者，除补征税款外，按所漏税额处 3 倍以下罚锾：1.……4. 进口之特种货物未依规定申报。"

(六）所谓"行政处罚法"第 18 条（罚款）

第 18 条第 1 款规定："违反营业税法第 51 条第 1 款第 7 项第 2 目进口货物逃漏营业税规定：按所漏缴税额处以 1.5 倍罚款。但对于裁罚处分核定前已补缴税款或同意以足额保证金抵缴者，处 1 倍罚款；其属下列违章情事者，减轻处罚如下：（1）漏税额在新台币 1 万元以下者，处 0.5 倍罚款。（2）漏税额逾新台币 1 万元至新台币 10 万元者，处 0.6 倍罚款。（3）漏税额逾新台币 10 万元至新台币 20 万元者，处 0.75 倍罚款。"

2.10 低报进口产品价格（中国台湾）[①]

一、案例概述

（一）水产制品案

某食品科技有限公司委托报关企业，于 4 年间向海关报运进口加拿大产制水产品共 8 批。经海关依规定查核结果，该食品科技有限公司借由有控制与从属关系的境外关系企业 L 商的名义，由董事吴某负责执行，直接向加拿大出货人接洽付款购入系争货物，再以更改海运提单受货人的方式将系争货物转让予报关企业提领。该报关企业进一步假借非正常营运境外公司为卖方，以交易价格甚低于加拿大出货人售价 6 成，向海关申报；又报关企业明知本件系争货物之交易数量、真实价格等内容，却加以隐匿，而向海关提交不实交易发票，存档销售发票与某食品科技有限公司的缴验发票不一致，涉有缴验不实发票、虚报进口货物价值、逃漏缴税款之违章情事。

依行为发生时规定，处以所漏缴进口税额、营业税总计补税新台币 539,351 元及罚款新台币 5,316,904 元。

[①] 案例来源："司法院"法学资料检索系统—裁判书系统，https://lawsearch.judicial.gov.tw/default.aspx。查询时间：2022 年 11 月 20 日。

（二）砂糖案

A 公司委托 B 报关公司于 2013 年 3 月 28 日和 2013 年 3 月 14 日向海关报运进口泰国产制砂糖 2 批，原申报单价 FOB USD 350/TNE，经过调查，该发票并非泰国供应商 P 公司所签发（格式、签名及金额均不符），依供应商提供同一砂糖买卖契约之另案报单存档发票，查得实际交易金额为 FOB USD 542/TNE，审认 A 公司涉有缴验伪造发票，虚报进口货物价值，逃漏税款情事，2 批货物分别按所漏进口税额处 2 倍的罚款分别计新台币 1,999,536 元、新台币 2,995,776 元，并追征所漏进口税款分别计新台币 1,337,690 元（包括进口税新台币 999,768 元、营业税新台币 335,637 元、推广贸易服务费新台币 2,285 元）、新台币 2,004,173 元（包括进口税新台币 1,497,888 元、营业税新台币 502,862 元、推广贸易服务费新台币 3,423 元），另逃漏营业税部分，按所漏营业额处 1 倍的罚款分别计新台币 335,637 元、新台币 502,862 元。

二、相关规定

（一）所谓"关税法"第 18 条、第 29 条（处罚）

第 18 条："进口货物有下列情事之一者，不得依第一项规定先行征税验放。但海关得依纳税义务人之申请，准其缴纳相当金额之保证金，先行验放，并限期由纳税义务人补办手续，届期未补办者，没收其保证金。（1）纳税义务人未实时检具减、免关税有关证明文件而能补正。（2）纳税义务人未及申请签发输入许可文件，而有即时报关提货之需要。但以进口货物属准许进口类货物者为限。（3）其他经海关认为有缴纳保证金，先行验放之必要。依法得减免关税之进口货物，未依前项第一款规定申请缴纳保证金而缴税者，得于货物进口放行前或放行后四个月内，检具减、免关税有关证明文件申请补正及退还其应退之关税。"

第 29 条第 1 款、第 2 款："从价课征关税之进口货物，其完税价格以该进口货物之交易价格作为计算根据。""前项交易价格，指进口货物由输出国销售至台湾实付或应付之价格。"

（二）所谓"海关缉私条例"第 37 条、第 44 条（处罚）

第 37 条第 1 款："报运货物进口而有下列情事之一者，得视情节轻重，处以所漏进口税额 2 倍至 5 倍之罚款，或没入或并没入其货物：1. 虚报所运货物之名称、数量或重量。2. 虚报所运货物之品质、价值或规格。3. 缴验伪造、变造或不实之发票或凭证。4. 其他违法行为。"

第 44 条："有违反本条例情事者，除依本条例有关规定处罚外，仍应追征其所漏或冲退之税款。但自其情事发生已满 5 年者，不得再为追征或处罚。"

（三）所谓"营业税法"第 51 条（处罚）

第 51 条第 1 款第 7 项："纳税义务人，有下列情形之一者，除追缴税款外，按所漏税额处 5 倍以下罚款，并得停止其营业：1.…… 7. 其他有漏税事实。"

（四）所谓"行政处罚法"第 18 条（罚款）

第 18 条第 1 款规定："违反营业税法第 51 条第 1 款第 7 项第 2 目进口货物逃漏营业税规定：按所漏缴税额处以 1.5 倍罚款。但对于裁罚处分核定前已补缴税款或同意以足额保证金抵缴者，处 1 倍罚款；其属下列违章情事者，减轻处罚如下：（1）漏税额在新台币 1 万元以下者，处 0.5 倍罚款。（2）漏税额逾新台币 1 万元至新台币 10 万元者，处 0.6 倍罚款。（3）漏税额逾新台币 10 万元至新台币 20 万元者，处 0.75 倍罚款。"

2.11 虚报进口猪肉价格（日本）[①]

一、案例概述

（一）案例 1

A 是一家总部位于兵库县的股份制公司，从事进口肉类和畜产品等业务；B 是 A 公司的代表董事，全面负责公司业务；C 是从事进口肉类等业

---

① 案例来源：裁判所— Courts in Japan，https://www.courts.go.jp/index.html。查询时间：2022 年 11 月 15 日。

务的个体商户。B和C共谋欺诈性地逃避A公司从爱尔兰和其他国家进口冷冻猪肉的关税（差额关税）。2002年4月—2003年10月，A公司通过报关员向海关提交了一份采购订单，其中每公斤猪肉的单价被提高到接近分歧点的价格[1]，并提交了一份虚假的进口报关单，其中的关税金额是虚假的。A提交了虚假的进口报关单，每次都获得了进口许可证，并从保税区运回了货物，从而通过欺诈行为逃避了共计940,879,300日元的关税。

A公司被处以5,000万日元的罚款，B和C均被处以10个月监禁和1,000万日元的罚款。如果B和C不能全额支付罚款，则被拘留在劳改所，每天折抵10万日元。

（二）案例2

D公司从事肉类的进口和销售。E是D公司的代表董事。E以公司名义从丹麦进口冷冻猪肉时，欺诈性地试图逃避关税。2004年1月—2005年2月，共计进口823批次。D公司通过不了解情况的报关行员工进行虚假的进口申报，进口的冷冻猪肉的应税价值共计13,087,062,033日元，应缴关税共计562,684,900日元，实际上这些冷冻猪肉的合法应税价值共计7,114,427,755日元，应缴关税共计6,524,244,300日元。随后，上述货物被从保税区运回，应付关税和申报税额之间的总差额也因欺诈行为而增加到5,961,559,400日元。

D公司被处以2.5亿日元罚款，E被处以3年6个月的监禁和2,500万日元罚款。对于E，将未决拘留天数中的110天算入有期徒刑。E在不能缴完罚款时，将被拘留在劳改所，每天折抵5万日元。

---

[1] 日本对进口猪肉实行差额关税制度，即当进口价格低于从量税限价时，对每公斤猪肉征收从量税（但是，超过从量税限价又未超过分歧点价格，从量税率调整为基准进口价格与计税价格之间的差额）；当进口产品的价格高于分歧点价格时，就会征收一定税率的从价关税。对于猪肉，根据日本关税临时措施法第2条，附表第1-3和附表第1-3-2有此规定，因此存在高报价格以偷逃关税的欺瞒行为。

二、相关规定

日本海关法第 110 条、第 117 条（处罚）

第 110 条："凡属下列各项者，应处以 10 年以下有期徒刑，或处以 1,000 万日元以下罚款，或两者并罚。

"一 以虚假或不正当行为获得关税免除或退还的；

"二 对应纳关税的货物采取不正当手段未纳税而进口的。

"通关业者以虚假或不正当行为获得关税免除或退还或者对纳关税货物未纳税而进口的，对实施该行为的通关者比照第一款执行。

"以实施前两款犯罪为目的而准备或已经着手实施而未遂的，比照前两款执行。

"前三款犯罪所涉关税或关税退还的金额的 10 倍。超过 1,000 万日元的，根据情况前三款中的所处罚款可以超过 1,000 万日元，但不超过相当于该关税或退还关税金额的 10 倍。"

第 117 条第 1 款："关于法人代表、法人或个人的代理人、使用人或者其他从业人员对该法人或人员的业务或财产，从第 108 条第 4 款至第 112 条（出口不得出口的货物的罪名、进口不得进口的货物的罪名、将不得进口的货物置于保税区等罪名、逃避关税等罪名、未取得海关许可而进出口等罪名、运输走私货物等罪名），第 112 条第 2 款（在用途之外使用等罪名）、第 113 条第 2 款（未在提交特别声明截止日期前提交特别声明的罪名）、第 114 条第 2 款（未报告等罪名）、第 115 条第 2 款（未能记录账簿等罪名）或与前款规定的违法行为有关［第 113 条（未经许可进入或离开不开放港口的罪名）、第 114 条和第 115 条（不提交报告等罪名）］，除处罚行为人外，还对该法人或者人员处以有关各条的罚款。"

3

原产地瞒骗案例与相关规定

3.1 骗取反倾销反补贴税

3.1.1 小龙虾原产地欺诈（美国）[①]

一、案例概述

1997年8月，美国商务部决定对来自A国的小龙虾尾肉征收反倾销税，该反倾销令对"A国范围"内的小龙虾尾肉出口商征收税率为201.63%的反倾销税，但特别确定和单独审查的出口商除外。

被告R公司是一家位于佛罗里达州的食品服务有限公司，该公司从事从国外采购小龙虾的业务。B公司是R公司在A国的小龙虾尾供应商，该公司是美国商务部调查的公司之一，其出口的小龙虾尾肉适用201.63%的反倾销税。

为逃避反倾销税，B公司将原产于A国的小龙虾尾肉虚假标记为C国原产。1997年11月，B公司在C国创建S公司，从事出口和进口业务。1998年6月，S公司进口5批冷冻小龙虾尾肉，并在这5份入境文件中将小龙虾尾肉归入HTSUS税号1605401000，将其标注为C国产品，免于缴纳反倾销税。根据反倾销税令，S公司进口的小龙虾尾肉均应被征收201.63%的反倾销税，但S公司没有将这些货物归入反倾销税的范畴，也没有向海关缴纳适用的反倾销关税。此后，这5批小龙虾尾肉被海关扣留，海关认定S公司没有正确归类，且其包装纸箱故意标为C国原产，违反了原产地标识规定。

1998年6月，海关向进口商发出第一份信息请求，要求进口商证实被扣押的小龙虾尾肉原产于C国，并要求解释S公司与R公司的关系。

[①] 案例来源：Westlaw Classic 法律在线服务平台，https://legal.thomsonreuters.com/en/westlaw。查询时间：2023年2月9日。

S公司表示自己为出口商和进口商，R公司是小龙虾尾肉的美国买家，C国D公司是小龙虾的包装商和生产商，所有的小龙虾由C国的M公司收获。海关就R公司可能存在的规避反倾销税行为展开调查。

1998年7月，R公司向海关提交信函，表示被扣押的小龙虾尾肉是由D公司在其C国的工厂"煮熟、剥皮和加工"的。R公司向海关提交了S公司的记录文件，以证明小龙虾尾肉在C国加工，且其原料在C国收获。

海关要求进一步证明小龙虾原产于C国。R公司在回复文件声称M公司在C国从事养殖小龙虾的业务，并以向D国出售活小龙虾的发票为据。但C国的商业信息局表示没有M公司的商业登记。海关通过监听相关人与秘密线人的通话，得到R公司从A国购买小龙虾尾肉的证据。此外，美国驻C国大使馆农业事务办公室表示，C国本地没有淡水小龙虾生产产业，小龙虾专家G博士也证明C国不符合小龙虾商业生产的环境要求。

2001年4月，海关向R公司发出处罚预通知，该通知初步认定了R公司的欺诈罪。2001年11月，海关向R公司和S公司发出了处罚通知。美国国际贸易法院认为有充分证据证明进口商主动、故意地对海关作出虚假性陈述，向海关提交虚假信息。因此，政府有权获得所欠关税以及相当于商品国内价值的民事罚款，共计2,784,636.18美元，该金额为被扣押货物的发票价值、货物所欠的201.63%的反倾销税以及与这些货物有关的其他成本、费用和利润的总和。

二、相关规定

《美国法典》第19卷第1592节（对疏忽、重大过失或欺诈的处罚）

《美国法典》第19卷第1592节第（a）款第（1）项规定，任何人不得通过疏忽、重大过失或欺诈的方式将任何商品引入美国商业领域，即使通过任何形式的文件或电子数据传输、书面或口头声明、实质虚假陈述或任何实质遗漏，也不得尝试进口或引入商品。如果违反上述规定，可能会导致美国被侵占全部或部分合法税费。此外，任何人不得帮助或教唆其他人违反上述规定。

3.1.2 金属硅原产地欺诈（美国）[①]

一、案例概述

1991年，美国商务部决定对来自A国所有生产商和出口商的金属硅征收139.49%的反倾销税。该反倾销令规定原产于A国的"按重量计，含量至少为96.00%，但低于99.99%的硅"均受到该令限制，且该令在有关商品进入美国的整个期间都有效。

从1999年到2001年，M和D通过N公司和G公司共进口96项硅产品，其中N公司作为备案进口商进口89项硅产品，价值为23,000,293.44美元，G公司作为备案进口商进口7项硅产品，价值为797,662.00美元。N公司和G公司在提交给海关的原产地证书、实验室报告或发票表示，其硅金属的纯度至少为96.00%，通常在99.00%至99.99%之间，N公司和G公司在进口汇总表中将商品归入HTSUS税号2804691000（99.00%至99.99%）或HTSUS税号2804695000（低于99.00%），这是反倾销令中确定的税号。

这些硅产品由B国贸易公司T公司和H公司出口到美国。有争议的金属硅进口到美国期间，被告之间的通信表明M和D了解到产品原产于A国，M还在邮件中表示T公司与A国签订的合同与N公司无关。1999年8月，M表示印有A国制造的包装是不可接受的。

2007年2月，N公司和G公司提交的商业发票将原产地指定为韩国，尽管在此期间，韩国没有生产金属硅。N公司和G公司在2007年4月提交给海关的所有的进口文件中指定所进口的硅产品进口类型代码为"01"，

---

① 案例来源：Westlaw Classic 法律在线服务平台，https://legal.thomsonreuters.com/en/westlaw。查询时间：2023年2月20日。

向海关表明其不受反倾销税的影响。

美国法院判决 M、D，N 公司和 G 公司负有连带责任，结果如下：

（1）12,417,039 美元加上法律规定的利息，N 公司作为备案进口商的 89 项进口产品总价值的 139.49%，用于支付 N 公司进口产品未付的反倾销税；

（2）417,844 美元加上法律规定的利息，G 公司作为备案进口商的 7 项进口产品总价值的 139.49%，用于支付 G 公司进口产品未付的反倾销税；

（3）对 N 公司进口货物处以 23,000,293.44 美元的罚款，相当于其进口货物的国内价值；

（4）对 G 公司的进口货物处以 797,662 美元的罚款，相当于其进口货物的国内价值。

二、相关规定

《美国法典》第 19 卷第 1592 节（对疏忽、重大过失或欺诈的处罚）

《美国法典》第 19 卷第 1592 节第（a）款第（1）项规定，任何人不得通过疏忽、重大过失或欺诈的方式将任何商品引入美国商业领域，即使通过任何形式的文件或电子数据传输、书面或口头声明、实质虚假陈述或任何实质遗漏，也不得尝试进口或引入商品。如果违反上述规定，可能会导致美国被剥夺全部或部分合法税费。任何人不得帮助或教唆其他人违反上述内容。

《美国法典》第 19 卷第 1592 节第（c）款确定了最高处罚：

"（1）欺诈。违反第（a）款的欺诈行为将受到民事处罚，金额不超过商品的国内价值。

"（2）重大过失。由于重大过失违反第（a）款的行为将受到民事处罚，金额不超过：

"（A）(i) 商品的国内价值，或 (ii) 美国被剥夺或可能被剥夺的合法关税、税款和费用的 4 倍，或

"（B）如果违规行为不影响关税评估，则为商品应纳税价值的 40%。

"（3）疏忽。违反第（a）款的疏忽行为将受到民事处罚，金额不超过：

"（A）(i) 商品的国内价值，或（ii）美国被剥夺或可能被剥夺的合法关税、税款和费用的 2 倍，或

"（B）如果违规行为不影响关税评估，则为商品应纳税价值的 20%。"

《美国法典》第 19 卷第 1592 节第（d）款：

"如果因违反第（a）款，政府被剥夺合法关税、其他税款及费用，美国海关应要求恢复合法关税、其他税款及费用，无论是否罚款。"

三、分析

根据《美国法典》第 19 卷第 1592 节，本案中被告没有切实遵守法规，而是故意误导海关，试图避免对其进口商品征收反倾销税。欺诈是在被告与 B 国公司提前策划的，目的是歪曲硅产品的真实原产地。作为回报，被告获得了避免对其每项进口产品征收 139.49% 税款的经济利益。此外，被告拒绝在本案中提供任何证据，以掩盖其欺诈意图。因此，被告应根据第 1592 节第（c）款规定承担最高罚款，并根据第 1592 节第（d）款对政府的收入损失负责。此外，第 1592 节规定任何违法行为的个体均负有责任，而不仅仅是记录在案的进口商。M 负责了 96 次进口时与韩国贸易公司的沟通；M 让 G 公司成为助长欺诈性进口的场所。因此，记录在案的证据清楚地表明，被告共同参与了声称来自韩国实际原产于 A 国的硅金属进口。考虑到 D、M，G 公司和 N 公司共同参与了记录中的事项，对所有 96 次有问题的进口事项承担连带责任。

3.1.3 伪报进口蜂蜜原产地（一）（美国）[①]

一、案例概述

2001 年 12 月，美国商务部在确定原产于 A 国的蜂蜜在美国的销售价格低于公平市场价值后，对原产于 A 国的蜂蜜征收反倾销税。最初征收

---

① 案例来源：美国移民及海关执法局官网媒体发布，https://www.ice.gov/news/releases/texas-honey-broker-sentenced-illinois-3-years-prison-evading-nearly-38-million。查询时间：2023 年 5 月 2 日。

的反倾销税高达申报价值的221%。后来，这些关税根据进口蜂蜜的重量进行评估，为每公斤2.63美元。

2002年10月，美国食品和药物管理局对含有抗生素氯霉素的蜂蜜发出了进口警告，氯霉素是一种广谱抗生素，用于治疗人类的严重感染，但未被批准用于蜂蜜，含有某些抗生素的蜂蜜被视为联邦食品药品和化妆品法案意义上的"掺假"。

被告人J是负责进出口贸易的经销商，负责经营位于休斯敦的B蜂蜜公司，为海外蜂蜜供应商和美国顾客提供代理服务。在被告人J的操作下，前后共778个载有A国原产蜂蜜的集装箱被运往美国，为逃避反倾销税，这些蜂蜜都贴着产自B国、C国的标签，在进口时将原产地申报为B国或C国。这些蜂蜜价值2,300万美元，共计偷逃反倾销税款3,790万美元。此外，被告人还涉嫌伪造蜂蜜检测结果，隐瞒蜂蜜中含有氯霉素这一非法食品添加剂的事实。

被告人以刑法典第545节走私物品被判入狱3年并外加1年的监外看管，除此之外被告人需要补缴税款264万美元以及缴纳25万美元罚款，共计289万美元。

二、相关规定

《美国法典》第18卷第545节（刑事犯罪与诉讼—向美国走私货物罪）

"有意和故意欺骗美国的任何人，实际或企图走私或秘密将任何本应开具发票的商品带入美国，或制作、通过或企图向海关递交任何虚假、伪造或欺诈的发票或其他文件；或

"任何人欺诈或故意违反法律进口或携带任何商品进入美国，或在明知该等商品是违反法律进口的情况下，在进口后接受、隐藏、购买、出售或以任何方式便利运输、隐藏或出售该等商品——

"应根据本节处以罚款或不超过20年监禁，或两者兼施。

"除非被告拥有陪审团满意的证据，否则应被视为足以授权对违反本节规

定的行为进行定罪。

"违反本节规定进入美国的商品或其钱款，应从本节第一段或第二段所述的当事人处收回，交给国家。

"本节中使用的'美国'一词，不包括维尔京群岛、美属萨摩亚、威克岛、中途岛、金曼礁、约翰斯顿岛或关岛。"

3.1.4 伪报进口蜂蜜原产地（二）（美国）[①]

一、案例概述

2001年12月，美国商务部在确定原产于A国的蜂蜜在美国的销售价格低于公平市场价值后，对原产于A国的蜂蜜征收反倾销税。2006年6月—2007年7月，对A国产蜂蜜征收的反倾销税高达申报价值的221%。从2008年7月开始，对A国产蜂蜜根据净重评估反倾销税，开始是每公斤2.06美元，从2009年1月开始是每公斤2.63美元。此外，还对所有蜂蜜征收每磅1美分的"蜂蜜评估费"。

T是加利福尼亚州居民，从2006年起担任位于得克萨斯州蜂蜜加工企业H公司的经纪人。T的职责包括为H公司寻找货源和采购蜂蜜。为了履行其职责，T从A国蜂蜜生产商控制的空壳公司S公司购买大量A国原产蜂蜜。S公司通过将A国生产的蜂蜜贴上产自B国、C国的标签来逃避反倾销税。2011年10月—2012年3月，以偷逃税款牟取利益为目的，T代表H公司先后向S公司购买了4个集装箱、价值在17万美元以上的A国蜂蜜。这些A国蜂蜜都标注产自B国、C国，总共偷逃税款20余万美元。

T以刑事犯罪与诉讼第545节向美国走私物品罪被起诉，但最后这项罪名被撤销，改为第542节以虚假声明方式进境货物罪。辩护人以T的年龄、身体状况、之前良好的记录以及并未从犯罪中牟利为由请求法院判

[①] 案例来源：美国司法部官网媒体发布，https://www.justice.gov/sites/default/files/usao-ndil/legacy/2015/06/11/pr0220_02g.pdf。查询时间：2023年5月4日。

处缓刑。最终在 2013 年，时年 79 岁的 T 最终被判入狱 1 个月外加 11 个月的缓刑（缓刑的前半年必须居家监禁），以及 50 万美元罚款并补缴税款 20 万美元共计 70 万美元。

二、相关规定

(一)《美国法典》第 18 卷第 545 节（刑事犯罪与诉讼—向美国走私货物罪）

"有意和故意欺骗美国的任何人，实际或企图走私或秘密将任何本应开具发票的商品带入美国，或制作或通过或企图向海关传递任何虚假、伪造或欺诈的发票或其他文件；或

"任何人欺诈或故意违反法律进口或携带任何商品进入美国，或在明知该等商品是违反法律进口的情况下，在进口后接受、隐藏、购买、出售或以任何方式便利运输、隐藏或出售该等商品——

"应根据本节处以罚款或不超过 20 年监禁，或两者兼施。

除非被告拥有陪审团满意的证据，否则应被视为足以授权对违反本节的行为进行定罪。

"违反本节规定进入美国的商品或其钱款，应从本节第一段或第二段所述的当事人处收回，交给国家。

本节中使用的"美国"一词，不包括维尔京群岛、美属萨摩亚、威克岛、中途岛、金曼礁、约翰斯顿岛或关岛。

(二)《美国法典》第 18 卷第 542 节（刑事犯罪与诉讼—以虚假声明方式进境货物罪）

"任何人通过任何欺诈性或虚假的发票、声明、宣誓书、信件、文件，或通过任何书面或口头的虚假陈述，或通过任何虚假或欺诈性的做法，将任何商品进口、引入或试图进口、引入美国商业领域；或在没有合理理由相信其真实性的情况下，在任何声明中作出虚假陈述，或促使对任何重要事项作出虚假陈述，无论是否让美国遭受或者可能遭受关税损失；或犯有任何故意的行为或疏忽，使美国将会或可能被剥夺该发票、声明、宣誓书、信件、文件或声明中所

包含或提及的商品的任何合法关税,或受到该行为或疏忽的影响——

"应就本节下的每项罪行处以罚款或不超过两年的监禁,或两者并罚。

"本条规定不得解释为免除进口商品根据其他法律规定被没收的责任。

"本节中使用的"美国商业"一词不包括与维尔京群岛、美属萨摩亚、威克岛、中途岛、金曼礁、约翰斯顿岛或关岛的商业。"

3.1.5 伪报进口鲇鱼原产地及品名(美国)[①]

一、案情概述

P、B 以及 J 共同拥有两家水产品公司,一家是位于亚利桑那州凤凰城的 C 公司,另一家是位于佛罗里达州的 R 公司。B 是这两家公司的总裁,P 是两家公司的副总裁,J 是经理。三人以 C 公司的名义将原产于 A 国的冷冻鲇鱼片进口到美国。为逃避反倾销税,将进口鱼片谎称为野生冰冻鲇鱼片,共计进口 28.3 万磅(接近 130 吨),偷逃反倾销税 145,625 美元。

除此之外,三人还进口了 8.1 万磅(近 37 吨)带有非法食品添加剂的 D 国鲇鱼,并将其中的 3.41 万磅(超过 15 吨)出售给 R 公司,由 R 公司将该鲇鱼销往美国各地。为赚取更多非法利益,三人还将超过 10 万磅(超过 45 吨)的 A 国鲇鱼以石斑鱼的名义出售,以及通过 R 公司将进口的养殖虾包装成美国的野生虾并虚报虾的尺寸欺骗客户。B 和 P 还进口了 2.5 万磅(超过 11 吨)产自非洲维多利亚湖的鲈鱼,粘贴虚假标签后以石斑鱼的名义出售给阿拉巴马州和佛罗里达州的客户。

P 以刑事犯罪与诉讼第 371 条(共谋犯罪或欺诈国家)、第 545 节(向美国走私货物),环境保护法第 3372 条、第 3373 条(禁止在跨州、跨国转运水产品以及野生动植物时使用虚假标签,而如果涉及进出口贸易,被告人最高将被判处 5 年监禁)以及联邦食品药品和化妆品法案第 331 条及

---

① 案例来源:美国司法部官网媒体发布,https://www.justice.gov/opa/pr/seafood-wholesalerowners-sentenced-alabama-selling-falsely-labeled-fish-smuggling-and。查询时间:2023 年 4 月 26 日。

第 333 条（将虚假标签的食品用于跨州贸易）被起诉。最终被判监禁 2 年外加 3 年的监外看管以及 6,300 美元罚款；B 以相同的罪名被起诉，获刑 2 年 9 个月外加 3 年监外看管以及 6,300 美元罚款；J 只以刑事犯罪与诉讼第 545 节以及环境保护法第 3372 条及第 3373 条被起诉，获刑 13 个月外加 3 年监外看管以及 1,500 美元罚款。

二、相关规定

（一）《美国法典》第 18 卷第 371 节（刑事犯罪与诉讼——共谋犯罪或欺诈国家罪）

"如果两个或两个以上的人密谋对美国进行任何犯罪，或以任何方式或为任何目的欺骗美国或其任何机构，并且其中一个或多个人做出任何行为以实现密谋的目标，每个人都应根据本节被罚款或被监禁不超过 5 年，或两者并罚。

"但是，如果作为阴谋目标的犯罪行为只是一种轻罪，那么对这种阴谋的惩罚不应超过对这种轻罪规定的最高惩罚。"

（二）《美国法典》第 18 卷第 545 节（刑事犯罪与诉讼——向美国走私货物罪）

"有意和故意欺骗美国的任何人，实际或企图走私或秘密将任何本应开具发票的商品带入美国，或制作、通过或企图向海关递交任何虚假、伪造或欺诈的发票或其他文件；或

"任何人欺诈或故意违反法律进口或携带任何商品进入美国，或在明知该等商品是违反法律进口的情况下，在进口后接受、隐藏、购买、出售或以任何方式便利运输、隐藏或出售该等商品——

"应根据本节处以罚款或不超过 20 年监禁，或两者兼施。

"除非被告拥有陪审团满意的证据，否则应被视为足以授权对违反本节规定的行为进行定罪。

"违反本节规定进入美国的商品或其钱款，应从本节第一段或第二段所述的当事人处收回，交给国家。

"本节中使用的'美国'一词，不包括维尔京群岛、美属萨摩亚、威克岛、中途岛、金曼礁、约翰斯顿岛或关岛。"

（三）《美国法典》第 21 卷第 331 节（联邦食品药品和化妆品法案—禁止行为）及第 333 节（联邦食品药品和化妆品法案—处罚）

联邦食品药品和化妆品法案第 331 节规定，禁止在州际商业中引入或为引入而交付任何掺假或标错的食品、药品、装置、烟草制品或化妆品；禁止在州际贸易中对任何食品、药品、装置、烟草制品或化妆品进行掺假或误标。联邦食品药品和化妆品法案第 333 节规定，"（1）任何违反第 301 节［21 USCS§331］规定的人，应处以不超过 1 年的监禁或不超过 1,000 美元的罚款，或两者并罚。（2）尽管有［本节］第（1）款的规定，如果任何人在根据本节对他的定罪成为最终判决后实施这种违法行为，或在实施这种违法行为时有欺诈或误导的意图，该人应被处以不超过 3 年监禁或不超过 10,000 美元罚款，或两者并罚。"

（四）环境保护法第 3372 节、第 3373 节

环境保护法第 3372 节、第 3373 节规定，禁止在跨州、跨国转运水产品以及野生动植物时使用虚假标签，而如果涉及进出口贸易，最高将被判处 5 年监禁。

3.1.5　虚假原产地逃税（欧盟—荷兰）[①]

一、案例概述

> 1998 年 2 月，欧盟委员会决定对原产于 A 国的草甘膦征收 24% 的反倾销税。草甘膦是一种构成除草剂基础的物质，用于农业除草和城市及工业地区的维护。1999 年 12 月，欧盟委员会在"互助"框架内向各成员国通报了欧盟进口草甘膦可能存在的违规行为。文件中指出，根据有关全世界草甘膦产业的信息和对该产品进口流量的分析，委员会怀疑 A 国生产

---

① 案例来源：Eur-Lex 欧盟法律法规数据库，https://eur-lex.europa.eu/legal-content/en/TXT/?uri=CELEX:62011TJ0576。查询时间：2023 年 1 月 29 日。

的草甘膦被转移到第三方后再向欧盟出口。

信中随附一份欧盟委员会怀疑违规进口草甘膦公司的名单,包括本案所涉进口商。委员会要求各成员国密切关注草甘膦的进口,并进行检查,以找出可能的伪造原产地证书。它还要求成员国将1998年和1999年申报原产于马来西亚、新加坡、泰国和中国台湾的草甘膦进口的商业和运输文件以及原产地证书的副本寄给委员会。

B公司是一家报关行,为葡萄牙L公司在葡萄牙业务提供间接代理服务。1999年2月—2001年7月,B公司作为代理人为L公司申报进口草甘膦,向荷兰海关当局提交了52次草甘膦自由流通的进口申报。L公司是进口草甘膦的葡萄牙公司(进口商),并为B公司提供了马来西亚商会签发的证明草甘膦原产于马来西亚的原产地证书,由报关行提交给荷兰海关当局。事实上,这些货物原产于A国,在A国装运,途经马来西亚,运往鹿特丹(荷兰)。

通过检查,荷兰海关当局得出结论,有争议的草甘膦实际上原产于A国,而不是马来西亚,因此应按规定征收反倾销税。荷兰海关当局于2002年2月发布关于该结论的报告,并提交给欧洲反欺诈办公室。随后欧洲反欺诈办公室代表团应荷兰海关当局请求,发布考察报告,指出草甘膦是从A国经B地运往马来西亚的,货物从D港转运到欧洲联盟,并附有马来西亚商会根据虚假的货物原产地申报签发的新提单和原产地证书。

荷兰海关当局2002年2月起向B公司发出7份追讨通知书,总值1,696,303.17欧元,是B公司应缴纳的反倾销税金额。2002年12月,B公司提出申请减免反倾销税,但荷兰海关2004年9月拒绝减免,2005年9月确认拒绝。2008年12月,荷兰阿姆斯特丹上诉法院判决尽管B公司忽视了某些事项,但不能指控B公司欺骗或明显疏忽,因此减免税申请必须转交欧盟委员会。2010年2月,荷兰海关当局将该案发送给欧盟委员会,请求裁定B公司减免税申请是否合理。2011年7月,欧盟委员会最后裁定减免进口税是不合理的。

二、相关规定

（一）《欧盟海关法典》第 120 条（关税返还或减免的特殊情况）

"1. 除第 116 条第 1 款第 2 项和第 117、118 和 119 条所述情况外，如果海关债务是在特殊情况下产生的，且不能归咎于债务人的欺骗或明显过失，则应本着公平原则偿还或免除进口或出口税。

"2. 如果从案件的情况来看，债务人与从事相同业务的其他经营者相比处于特殊情况，而且在没有这种特殊情况的情形下，他或她不会因收取进口或出口税款而遭受不利影响，则第 1 款所述的特殊情况应被视为存在。"

（二）《欧盟海关法典实施条例》第 98 条将档案转交委员会作出决定（对应《欧盟海关法典》第 116 条第 3 款）

第 1 款："成员国应在传送文件前通知委员会，并给予相关人员 30 天时间签署一份声明，证明其已阅读该文件，并说明无需再添加或补充信息。如果相关人员未在 30 天内提供该声明，则被视为已阅读该文件，无需补充。"

3.1.6　伪造床垫弹簧原产地（新加坡）[①]

一、案例概述

根据 CBP 提供的信息，新加坡海关对 P 公司进行了调查，该公司从事生产用于制造床垫的无盖弹簧单元，并将这些产品出口到美国。

调查显示，在 2015 年 1 月至 2 月期间，该公司销售经理于某通过对先前获得的真实原产地证书进行修改，伪造了 5 份证书，并将这 5 份伪造的证书提供给 P 公司在美国的 1 个客户。

另外，在 2013 年 6 月至 2015 年 5 月期间，于某在申请证书时还提供了虚假陈述，称 P 公司出口到美国的弹簧来自新加坡，而不是实际原产

---

① 案例来源：新加坡海关官网媒体发布，https://www.customs.gov.sg/news-and-media/media-releases/。查询时间：2022 年 10 月 23 日。

地，以逃避反倾销税。

于某还在向新加坡海关申报中谎报了 P 公司货物的原产地。

以上所涉货物价值超过 615,000 美元。于某被处以 9.2 万美元罚款。

二、相关规定

新加坡进出口管理法第 28A 条（对不正确的贸易描述的处罚）

"（1）任何进口、出口或转运任何货物的人和——

"（a）对货物适用或导致适用不正确的商品说明；或

"（b）拥有用于销售或任何贸易目的的任何货物，带有错误的商品说明

"即属犯罪，一经定罪，即应承担以下责任——

"（c）对于初犯，可处以不超过 100,000 美元或涉案货物价值 3 倍的罚款，以较高者为准，或处以不超过 2 年的监禁，或两者并罚；以及

"（d）对于第二次或以后的犯罪行为，可处以不超过 20 万美元或涉案货物价值 4 倍的罚款，以较高者为准，或处以不超过 3 年的监禁，或两者并罚。

"（2）就第（1）款而言，在以下情况下，被视为将商品说明应用于货物——

"（a）贴上或附上商品说明，或以任何方式在商品说明上作标记，或将其纳入——

"（i）货物本身；或

"（ii）提供的货物中的任何东西，或与之相关的东西。

"（b）将货物置于商品说明所贴或所附、所标或所包含的任何东西之中，或将任何此类东西与货物放在一起；或

"（c）以任何可能被认为是货物的方式使用商品说明。

"（3）就第（1）款而言，如果货物是用于出口或转运，而货物的最终目的地是与新加坡签订了规定协议的外国，适用于该货物的商品说明如果不符合该协议中规定的任何原产地规则，则视为不正确。

"（4）就第（1）款而言，如果该款中提到的人以任何方式有权保管或控制货物，则该人被视为占有这些货物。

"（5）在不影响本法规定的情况下，为确定是否正在或已经犯下第（1）款规定的罪行，受权官员可以——

"（a）在任何合理的时间进入第（1）款中提到的任何人的处所，并对这些处所进行检查；以及

"（b）要求任何人——

"（ⅰ）提供该人所知的任何信息；或

"（ⅱ）出示该人保管或拥有的任何账目或文件以供检查，并提供该账目或文件的副本或摘要。

"（6）在本节中——

"'外国'是指新加坡以外的任何国家或地区。

"'规定的协议'是指新加坡和外国之间的协议，为第（3）款的目的，该协议被规定为一种协议。

"'商品说明'是指直接或间接和以任何方式给出的与货物原产地、制造或生产地有关的任何说明、陈述或指示。"

3.2 骗取优惠税收待遇

3.2.1 珠宝虚假原产地申报，骗取普惠制待遇（美国）[①]

一、案例概述

> T公司是一家总部位于纽约的高级珠宝制造商和进口商，其商品在美国各地销售。2011—2017年，其实施如下违法行为骗取美国关税：
>
> 1. 谎报商品来自斯里兰卡等国的价值增值，骗取普惠制待遇。

---

① 案例来源：美国司法部官网媒体发布，https://www.justice.gov/usao-sdny/pr/manhattan-us-attorney-settles-civil-fraud-lawsuit-against-fine-jewelry-designer-evading。查询时间：2023年1月29日。

2011年1月—2016年7月，T公司从斯里兰卡、泰国和意大利进口了数千件珠宝，在提交给CBP的商业发票和海关表格声明的商品价值中，未包含一些珠宝组件、散件的价值，使珠宝申报价格低于其实际价值，并谎称至少35%的珠宝价值增值来自斯里兰卡或泰国，骗取美国对原产于斯里兰卡、泰国的珠宝给予普惠制免税待遇。

2. 未向CBP披露其货物原产地标记不当，逃避缴纳进口税。

2017年，T公司进口斯里兰卡和泰国珠宝时，未在入境商品上永久标记其产地，而在意大利进口的珠宝均带有意大利制造标记。按规定进口商品未按照要求标记原产地，将对该物品征收10%的从价税。由于被告未向海关披露该事项，造成政府关税损失。

2018年6月，纽约南区地方法院发布和解令，即T公司承认并接受了少缴关税和未正确标记进口商品原产地的指控，同意向美国政府支付796,000美元，其中398,200美元为对漏缴进口税的赔偿。

二、相关规定

（一）《美国法典》第19卷第2461节（普惠制待遇）

"总统可根据本节的规定，对来自任何受益的发展中国家的任何符合条件的物品提供免税待遇，即普惠制（GSP）。斯里兰卡和泰国自2008年至今为受益国。"

（二）《美国法典》第19卷第1304节（进口物品和容器标记要求）

"如果进口物品在进口时没有正确地标明原产国，并且该物品此后没有出口、销毁或正确地标明，美国将征收10%的标记从价税。具体规定如下：

"（a）物品的标示

"除以下规定外，任何进口到美国的原产于外国的物品或容器应在明显的地方进行标记，标记应在物品或容器允许的范围内清晰、不可磨灭和持久，以便向美国的最终消费者表明该商品的原产国的英文名称。

"(i) 未作标记的附加税

"如果在进口时，任何物品或容器，没有按照本节的要求进行标记，并且该物品在进口后没有按照本节的要求进行出口或销毁或对该物品或容器进行标记，无论该物品是否持续处于海关监管之下，都应被征收10%的从价税，该税应视为在进口时产生，不得解释为惩罚性，不得全部或部分减免，也不得以任何理由撤销支付。这种关税应在法律规定的任何其他关税之外征收，无论该物品是否免于支付普通关税。"

3.2.2 伪报进口衣架原产地（美国）[①]

一、案例概述

2008年，美国对A国钢丝衣架征收反倾销税，对来自未申请获得单独税率的出口商出口的钢丝衣架征收187.25%的反倾销税。

墨西哥商人H拥有位于墨西哥美墨边界城市提华纳的两家干洗店。2008—2010年，H从A国购买大量钢丝衣架并将其运往墨西哥提华纳，在墨西哥将衣架贴上产自墨西哥的标签之后运往美国加利福尼亚州出售，不但逃避了针对A国生产衣架的反倾销税，还利用了北美自由贸易区的免税待遇逃避了大量关税。经过调查，H从美国的银行向一家位于A国的公司转账55次，共计73万美元。

H以《美国法典》刑事犯罪与诉讼第371节、第542节、第1001节、第1343节以及第1956节被起诉，被判入狱70个月，即5年10个月，补缴偷逃税款350万美元，没收资产420万美元，共计770万美元。

---

① 案例来源：美国政府出版局官网，https://www.govinfo.gov/content/pkg/USCOURTS-casd-3_10-cr-03099/pdf/USCOURTS-casd-3_10-cr-03099-2.pdf。查询时间：2023年5月4日。

二、相关规定

（一）《美国法典》第 18 卷第 371 节（刑事犯罪与诉讼—共谋犯罪或欺诈国家罪）

"如果两个或两个以上的人密谋对美国进行任何犯罪，或以任何方式或为任何目的欺骗美国或其任何机构，并且其中一个或多个人做出任何行为以实现密谋的目标，每个人都应根据本节被罚款或被监禁不超过 5 年，或两者并罚。

"但是，如果作为阴谋目标的犯罪行为只是一种轻罪，那么对这种阴谋的惩罚不应超过对这种轻罪规定的最高惩罚。"

（二）《美国法典》第 18 卷第 542 节（刑事犯罪与诉讼—以虚假声明方式进境货物罪）

"任何人通过任何欺诈性或虚假的发票、声明、宣誓书、信件、文件，或通过任何书面或口头的虚假陈述，或通过任何虚假或欺诈性的做法，将任何商品进口、引入或试图进口、引入美国商业领域；或在没有合理理由相信其真实性的情况下，在任何声明中作出虚假陈述，或促使对任何重要事项作出虚假陈述，无论是否让美国遭受或者可能遭受关税损失；或

"犯有任何故意的行为或疏忽，使美国将会或可能被剥夺该发票、声明、宣誓书、信件、文件或声明中所包含或提及的商品的任何合法关税，或受到该行为或疏忽的影响——

"应就本节下的每项罪行处以罚款或不超过两年的监禁，或两者并罚。

"本节规定不得解释为免除进口商品根据其他法律规定被没收的责任。

"本节中使用的'美国商业'一词不包括与维尔京群岛、美属萨摩亚、威克岛、中途岛、金曼礁、约翰斯顿岛或关岛的商业。"

（三）《美国法典》第 18 卷第 1001 节（刑事犯罪与诉讼—对联邦政府机构虚假陈述罪）

"（a）除本节另有规定外，任何人在美国政府行政、立法或司法部门管辖范围内的任何事项中，明知故犯地——

"（1）伪造、隐瞒或以任何诡计、计划或手段掩盖重要事实；

"（2）做出任何重大的虚假、虚构或欺诈性的陈述或表述；或

"（3）制作或使用任何虚假的书面材料或文件，明知其含有任何重大的虚假、虚构或欺诈性的陈述或条目。

"应根据本节处以罚款，并处以不超过 5 年的监禁，如果该罪行涉及国际或国内恐怖主义（如第 2331 节所定义），则处以不超过 8 年的监禁，或两者并罚。如果此事与第 109A、109B、110、117 章，或第 1591 节规定的罪行有关，那么根据本节规定的监禁期限应不超过 8 年。

"（b）（a）款不适用于司法程序中的一方或该方的律师在该程序中向法官或裁判官提交的声明、陈述、著作或文件。"

（四）《美国法典》第 18 卷第 1343 节（刑事犯罪与诉讼—通过电汇、广播或电视进行欺诈罪）

"任何人，如果设计或打算设计任何欺诈计划或诡计，或通过虚假或欺诈性的欺骗、陈述或承诺来获得金钱或财产，通过州际或外国商业中的有线、无线电或电视通信手段传输或导致传输任何文字、标志、信号、图片或声音，以执行这种计划或诡计，应根据本节被罚款或被监禁不超过 20 年，或两者并罚。如果违法行为与总统宣布的重大灾害或紧急情况［这些术语在罗伯特 -T- 斯塔福德救灾和紧急援助法（42 U.S.C. 5122）第 102 条中有定义］有关，或涉及任何授权、运输、传送、转移、支付或支付的利益，或影响到金融机构，则应处以不超过 100 万美元的罚款或不超过 30 年的监禁，或两者并罚。"

（五）《美国法典》第 18 卷第 1956 节（刑事犯罪与诉讼—洗钱罪）

"（a）（1）任何人明知金融交易中涉及的财产是某种形式的非法活动的收益，却进行或试图进行这种金融交易，而这种交易实际上涉及特定的非法活动的收益——

"（A）（i）意图促进特定非法活动的进行；或

"（ii）意图从事构成违反 1986 年国内税收法第 7201 或 7206 节［26 USCS § 7201 或 7206］的行为；或

"（B）明知该交易全部或部分旨在——

"（i）隐瞒或掩饰特定非法活动收益的性质、地点、来源、所有权或控制；或

"（ii）逃避州或联邦法律规定的交易报告要求，将被判处不超过50万美元的罚款或交易中涉及的财产价值的两倍，以较高者为准，或不超过20年的监禁，或两者并罚。就本款而言，如果一项金融交易是一组平行或相互依存的交易的一部分，其中任何一项都涉及特定非法活动的收益，并且所有这些交易都是单一计划或安排的一部分，则应被视为涉及特定非法活动的收益。"

（六）《美国法典》第2C1.1节（提供、给予、索要或接受贿赂犯罪量刑指南）、第2B1.1节（伪造或变造文书量刑指南—盗窃、破坏财产和欺诈）、第2T3.1节［联邦量刑指南—逃避进口关税或限制（走私）；接收或贩运走私财产］

《美国法典》第2C1.1节为提供、给予、索要或接受贿赂，以官方权利为幌子的敲诈，涉及剥夺公职人员诚实服务的无形权利的欺诈，企图通过干涉政府职能进行欺诈的量刑指南。对于违反第371节、第1341节、第1342节、第1343节等蓄意欺诈国家的犯罪适用该条。

"（a）基本犯罪级别：

"（1）如果被告是一名公职人员，为14级；

"（2）其他为12级。

"（b）具体犯罪特征：

"（1）如果犯罪行为涉及一个以上的贿赂或敲诈，增加2级。

"（2）如果付款的价值，作为付款的回报收到或将要收到的利益，公职人员或与公职人员一起行动的其他人获得或将要获得的任何东西的价值，或政府因犯罪而遭受的损失（以最大者为准）超过6,500美元，从第2B1.1节（伪造或变造文书量刑指南—盗窃、破坏财产和欺诈）的表格中增加与该数额相应的等级。"

《美国法典》第2B1.1节为处理盗窃、贪污和其他形式的盗窃，涉及被盗

财产的犯罪，财产损害或破坏，欺诈和欺骗，伪造，涉及除伪造的美国无记名债券以外的变造或伪造文书的犯罪量刑指南。根据联邦量刑指南第 2C1.1 节第（b）款第（2）项如果损失超过 350 万美元，则增加犯罪级别 18 级。

《美国法典》第 2T3.1 节为涉及税收或贸易监管的违法行为的量刑指南。对于违反 18 U.S.C. § 第 541~545 节、第 547 节、第 548 节、第 550 节、第 551 节等的量刑适用该条。

三、分析

电汇诈骗罪不一定必须是用欺骗的方式让受害人往被告人的账户上汇款，只需要在实施诈骗行为的时候将电汇作为手段。比如说这个案子里被告人用电汇的方式购买 A 国公司的铁质衣架，而这次使用电汇是他伪报产品生产地欺骗国家行为的一部分。

地方法院按照行贿罪的量刑指南对被告进行量刑，地方法院确定的关税损失为 3,587,904.53 美元，根据联邦量刑指南第 2C1.1 节第（a）款第（2）项以及第 2B1.1 节第（b）款第（1）项（J）以及联邦量刑指南第 2C1.1 节第（b）款第（2）项的具体犯罪特征，犯罪级别达到 30 级。因被告接受责任而下调 2 级后，总犯罪等级为 28 级。又因为 H 以前没有犯罪记录，属于犯罪史第一类（0 分）。在第 28 级，量刑表指导刑期为 78~97 个月监禁。地区法院在综合考虑对《美国法典》第 18 卷的量刑因素后，将监禁部分的刑期定为 70 个月。

H 提起上诉认为法院在量刑时裁决有误，因为法院在量刑时根据美国量刑委员会联邦量刑指南中的第 2C1.1 节（行贿）而不是第 2T3.1 节（走私）来量刑的，关于走私的准则比关于贿赂的准则对本案更具适用性。除此之外，H 还认为偷逃税款的计算有误，他宣称进货的 A 国公司中 3 家享受税率优待，只需要缴纳 55% 而不是 187% 的反倾销税并提供了相关证明，但未被法院采纳。H 还认为没收 420 万美元属于"过量罚款"违背宪法。上诉法院将此案发回重审。

重审的结果是 3 年监督观察以及补缴税款 190 万美元。

3.2.3 废金属、拉链和拉头虚假原产地申报（新加坡）[①]

一、案例概述

（一）废金属虚假原产地申报

新加坡人 S 是新加坡 F 公司的前董事和 H 海外公司的独资经营者。F 和 H 公司均是由 S 设立，用于交易来自本地和海外供应商的废旧金属和其他金属产品。

2017 年 8 月—2019 年 4 月，S 从 A 国的多个供应商处购买废金属，并从新加坡转口到印度。为了享受印度—新加坡全面经济合作协定和东盟—印度自由贸易区货物贸易协定规定的优惠关税待遇，印度买家曾要求为这些废金属获得优惠原产地证书（PCO）。在知道只有在新加坡制造或完全从新加坡获得的货物才有资格获得 PCOs 的情况下，S 在申请 PCOs 时做了虚假陈述，称这些废金属的原产国是新加坡，而实际上它们来自 A 国。

对此，S 利用 F 公司作为出口商将废金属运往印度。F 公司通过为他人申请 PCO 赚取佣金。尽管 F 公司没有参与 A 国实体与印度买家之间的任何交易，但 S 以 F 公司名义开具发票并提交 PCO 申请，以此令人误以为这些废金属是由 F 公司出售的，并且来自新加坡。共申请了 137 个 PCOs，涉及的货物总价值约为 972 万美元。

S 承认在 93 份价值 646 万美元的货物 PCOs 申请中做出虚假陈述的指控，被处以 558,000 美元的罚款。

（二）拉链和拉头虚假原产地申报

新加坡人 T 是 W 公司的董事，其从 C 国进口了几箱拉链和拉头，随后将货物转口到欧洲各国。然而，在申请出口时，他将货物的原产国谎报

[①] 案例来源：新加坡海关官网媒体发布，https://www.customs.gov.sg/news-and-media/media-releases/。查询时间：2023 年 1 月 3 日。

为印度尼西亚。

2009年8月—2011年3月，T还使用并非针对其货物的原产地证书，向新加坡海关申请背对背优惠原产地证书（Back to Back CO）。背对背优惠原产地证书由新加坡海关签发，用于将原产于其他国家的货物从新加坡出口。

T获得了背对背优惠原产地证书，证明他的货物来自印度尼西亚，而印度尼西亚是欧盟普惠制计划的参与者。根据这一欧盟计划，背对背优惠原产地证书将允许T的欧洲客户在从新加坡进口"原产于印度尼西亚"的拉链和拉头时支付较低的关税。

T对58项指控表示认罪。另有119项指控在量刑时被考虑到了。最终T被处以43.4万美元罚款。

二、相关规定

新加坡进出口管理法第28A条（对不正确的贸易描述的处罚）

"（1）任何进口、出口或转运任何货物的人和——

"（a）对货物适用或导致适用不正确的商品说明；或

"（b）拥有用于销售或任何贸易目的的任何货物，带有错误的商品说明

"即属犯罪，一经定罪，即应承担以下责任——

"（c）对于初犯，可处以不超过100,000美元或涉案货物价值3倍的罚款，以较高者为准，或处以不超过2年的监禁，或两者并罚；以及

"（d）对于第二次或以后的犯罪行为，可处以不超过20万美元或涉案货物价值4倍的罚款，以较高者为准，或处以不超过3年的监禁，或两者并罚。

"（2）就第（1）款而言，在以下情况下，被视为将商品说明应用于货物——

"（a）贴上或附上商品说明，或以任何方式在商品说明上作标记，或将其纳入——

"（i）货物本身；或

"（ii）提供的货物中的任何东西，或与之相关的东西。

"（b）将货物置于商品说明所贴或所附、所标或所包含的任何东西之中，或将任何此类东西与货物放在一起；或

"（c）以任何可能被认为是货物的方式使用商品说明。

"（3）就第（1）款而言，如果货物是用于出口或转运，而货物的最终目的地是与新加坡签订了规定协议的外国，适用于该货物的商品说明如果不符合该协议中规定的任何原产地规则，则视为不正确。

"（4）就第（1）款而言，如果该款中提到的人以任何方式有权保管或控制货物，则该人被视为占有这些货物。

"（5）在不影响本法规定的情况下，为确定是否正在或已经犯下第（1）款规定的罪行，受权官员可以——

"（a）在任何合理的时间进入第（1）款中提到的任何人的处所，并对这些处所进行检查；以及

"（b）要求任何人——

"（i）提供该人所知的任何信息；或

"（ii）出示该人保管或拥有的任何账目或文件以供检查，并提供该账目或文件的副本或摘要。

"（6）在本节中——

"'外国'是指新加坡以外的任何国家或地区。

"'规定的协议'是指新加坡和外国之间的协议，为第（3）款的目的，该协议被规定为一种协议。

"'商品说明'是指直接或间接和以任何方式给出的与货物原产地、制造或生产地有关的任何说明、陈述或指示。"

3.3 出口伪报原产地（韩国）[①]

一、案例概述

A 是 B 公司的代表理事。2007 年 5 月，A 在 B 公司，对从 C 国进口的干辣椒进行简单加工后，向其他地区出口 C 国产干辣椒 15,000 公斤，市价 66,263,673 韩元，并制作原产地证明书，证明书虚假记载其原产地为韩国，寄送至韩国外汇银行阴城分行（信用证开设银行），向海关虚假申报上述出口产品的原产地是韩国。

韩国对外贸易法第 38 条规定，禁止任何人伪造或变造原产地证明书、以虚假的内容获得原产地证明书，或在物品上虚假标明原产地，将国外生产物品的原产地伪报成韩国生产的物品并出口该物品或在外国销售。

该法第 53-2 条规定，违反上述第 38 条的规定，将外国货物等谎报为韩国货物的人，应处以 5 年以下有期徒刑，或处以 1 亿韩元以下罚款。在这种情况下，劳役监禁和罚款可以同时进行。

根据以上规定，本案对 A、B 分别处以 3,000,000 韩元的罚款。A 未缴纳上述罚款时，将被留置到劳役场，1 天的劳役抵作 50,000 韩元。

二、相关规定

（一）韩国对外贸易法第 53 条（处罚规定）[第 8356 号]

"①以谋求战略物资的国际扩散为目的，有下列情形之一的违法行为的，处以 7 年以下有期徒刑或相当于出口、中间产品价格 5 倍以下的罚款。

"1. 未取得第 19 条第 2 款规定的出口许可而出口战略物资者。

[①] 案例来源：Case Note 判例搜索服务平台，https://casenote.kr/。查询时间：2022 年 12 月 5 日。

"2. 未获得第 19 条第 3 款规定的情况许可而出口情况许可对象物品者。

"3. 未取得第 24 条规定的中介许可而对战略物资进行中介者。

"②有下列情形之一者，处以 5 年以下有期徒刑或相当于出口、进口物品价格 3 倍以下的罚款。

"1. 违反第 5 条各项中任何一项限制出口、进口或者禁止进口措施的。

"2. 未取得第 19 条第 2 款规定的出口许可而出口战略物资者。

"3. 通过虚假或其他不正当手段获得第 19 条第 2 款规定的出口许可者。

"4. 未获得第 19 条第 3 款规定的情况许可而出口情况许可对象物品的人。

"5. 通过虚假或其他不正当手段获得第 19 条第 3 款规定的情况许可者。

"6. 未取得第 24 条规定的中介许可而从事战略物资等中介工作者。

"7. 通过虚假或其他不正当手段获得第 24 条规定的中介许可者。

"8. 违反第 38 条规定的外国产物品等禁止伪装成国产物品的义务者。

"9. 违反第 43 条规定，操纵货物等出口和进口价格的。

"10. 违反第 46 条第 1 款规定的调整命令者。"

（二）韩国对外贸易法第 38 条（禁止将外国产物品等伪装成国产物品的行为）[第 8356 号]

任何人伪造或变造原产地证明书、以虚假的内容获得原产地证明书或在物品上虚假标明原产地的，国外生产的物品（在国外生产并在国内经过总统令规定的单纯加工活动的物品等。以下第 53 条第 2 款第 8 项中相同）的原产地不得伪装成韩国。

（三）韩国对外贸易法第 57 条（共同处罚条款）[第 8356 号]

"①法人的代表、代理人、雇员或受雇者违反第 53 条至第 56 条的规定，与法人的业务有关的违法行为，不仅要受到相应的处罚，而且要根据有关规定对法人处以罚款。

"②如果个人的代理人、雇员或受雇者违反第 53 条至第 56 条中与个人业务有关的任何规定，不仅对其进行相应的处罚，而且要根据有关规定对个人进行处罚。"

4

伪瞒报商品名称或商品编码案例与相关规定

4.1 伪瞒报商品名称

4.1.1 伪报蜂蜜商品名称（美国）[①]

一、案例概述

2001年12月，美国商务部在确定原产于A国的蜂蜜在美国的销售价格低于公平市场价值后，对原产于A国的蜂蜜征收反倾销税。最初征收的反倾销税高达申报价值的221%。后来，这些关税根据进口蜂蜜的重量进行评估，改为每公斤2.63美元。此外，每磅蜂蜜还应支付一美分的"蜂蜜评估费"。

H是位于洛杉矶县南艾尔蒙特（South El Monte）的一家快递公司的所有者和实际控制者，同时，她为至少12家美国进口商提供进口A国蜂蜜的代理业务。2009—2012年，H伪造了数百份集装箱进口文件，将产自A国的蜂蜜虚假申报为糖、糖浆和浓缩苹果汁，其非法进口的蜂蜜共计价值1,150万美元，逃避反倾销税3,920万美元。

H以《美国法典》刑事犯罪与诉讼第545节被起诉，但在认罪协议里这项罪名被撤销。H承认了3项第542节的罪名，每项罪名都被判了1年，共计入狱3年。除此之外，H还要补充支付51万美元尚未支付的关税。

二、相关规定

（一）《美国法典》第18卷第545节（刑事犯罪与诉讼—向美国走私货物罪）

"有意和故意欺骗美国的任何人，实际或企图走私或秘密将任何本应开具发

[①] 案例来源：美国司法部官网媒体发布，https://www.justice.gov/usao-ndil/pr/calif-honey-broker-sentenced-three-years-prison-avoiding-392-million-tariffs-chinese 。查询时间：2023年5月10日。

票的商品带入美国，或制作、通过或企图向海关递交任何虚假、伪造或欺诈的发票或其他文件；或

"任何人欺诈或故意违反法律进口或携带任意商品进入美国，或在明知该等商品是违反法律进口的情况下，在进口后接受、隐藏、购买、出售或以任何方式便利运输、隐藏或出售该等商品——

"应根据本节处以罚款或不超过20年监禁，或两者兼施。

"除非被告拥有陪审团满意的证据，否则应被视为足以授权对违反本节的行为进行定罪。

"违反本节规定进入美国的商品或其钱款，应从本节第一段或第二段所述的当事人处收回，交给国家。

"本节中使用的'美国'一词，不包括维尔京群岛、美属萨摩亚、威克岛、中途岛、金曼礁、约翰斯顿岛或关岛。"

（二）《美国法典》第18卷第542节（刑事犯罪与诉讼—以虚假声明方式进境货物罪）

"任何人通过任何欺诈性或虚假的发票、声明、宣誓书、信件、文件，或通过任何书面或口头的虚假陈述，或通过任何虚假或欺诈性的做法，将任何商品进口、引入或试图进口、引入美国商业领域；或在没有合理理由相信其真实性的情况下，在任何声明中作出虚假陈述，或促使对任何重要事项作出虚假陈述，无论是否让美国遭受或者可能遭受关税损失；或

"犯有任何故意的行为或疏忽，使美国将会或可能被剥夺该发票、声明、宣誓书、信件、文件或声明中所包含或提及的商品的任何合法关税，或受到该行为或疏忽的影响——

"应就本节下的每项罪行处以罚款或不超过两年的监禁，或两者并罚。

"本节规定不得解释为免除进口商品根据其他法律规定被没收的责任。

"本节中使用的'美国商业'一词不包括与维尔京群岛、美属萨摩亚、威克岛、中途岛、金曼礁、约翰斯顿岛或关岛的商业。"

4.1.2 瞒报水产品品名（美国）[①]

一、案例概述

> L是一家水产品公司的总裁，2004年5月—2006年10月，L和水产品进口商共谋，进口价值超过1,500万美元的贴错标签的冰冻越南鲇鱼片，并将这些产自越南的冰冻鲇鱼片以龙利鱼、石斑鱼、比目鱼、蛇头鱼、海鳗的名义出售到美国各地（采购商知道实际上采购的是鲇鱼），以此逃避关税和针对越南鲇鱼的反倾销税，造成700多万美元关税损失。
>
> L以刑法典第545节走私罪，以及联邦食品药品和化妆品法案第331节及第333节被判入狱63个月，经过上诉减为41个月。除此之外，L的26万磅（大约是120吨）鱼和1,200万美元被予以没收，L上诉称这种过量的罚款违背了宪法。上诉法院因L在走私案中发挥核心作用，没收金额与被告犯罪的性质和程度相称，基于上述理由，维持地方法院判决。

二、相关规定

（一）《美国法典》第18卷第545节（刑事犯罪与诉讼—向美国走私货物罪）

"有意和故意欺骗美国的任何人，实际或企图走私或秘密将任何本应开具发票的商品带入美国，或制作、通过或企图向海关递交任何虚假、伪造或欺诈的发票或其他文件；或

"任何人欺诈或故意违反法律进口或携带任何商品进入美国，或在明知该等商品是违反法律进口的情况下，在进口后接受、隐藏、购买、出售或以任何方式便利运输、隐藏或出售该等商品——

[①] 案例来源：美国司法部官网媒体发布，https://www.justice.gov/opa/pr/presidentcompany-illegally-imported-catfish-sentenced-more-five-years-federal-prison。查询时间：2023年4月16日。

"应根据本节处以罚款或不超过 20 年监禁，或两者兼施。"

"违反本节规定进入美国的商品或其钱款，应从本节第一段或第二段所述的任何人处收回，交给美国。"

（二）《美国法典》第 18 卷第 371 节（刑事犯罪与诉讼——共谋犯罪或欺诈国家罪）

"如果两个或两个以上的人密谋对美国进行任何犯罪，或以任何方式或为任何目的欺骗美国或其任何机构，并且其中一个或多个人做出任何行为以实现密谋的目标，每个人都应根据本节被罚款或被监禁不超过 5 年，或两者并罚。"

"但是，如果作为阴谋目标的犯罪行为只是一种轻罪，那么对这种阴谋的惩罚不应超过对这种轻罪规定的最高惩罚。"

（三）《美国法典》第 21 卷第 331 节（联邦食品药品和化妆品法案—禁止行为）及第 333 节（联邦食品药品和化妆品法案—处罚）

联邦食品药品和化妆品法案第 331 节规定，禁止在州际商业中引入或为引入而交付任何掺假或标错的食品、药品、装置、烟草制品或化妆品；禁止在州际贸易中对任何食品、药品、装置、烟草制品或化妆品进行掺假或误标。联邦食品药品和化妆品法案第 333 节规定，"（1）任何违反第 301 节 [21 USCS § 331] 规定的人，应处以不超过 1 年的监禁或不超过 1,000 美元的罚款，或两者并罚。（2）尽管有 [本节] 第（1）款的规定，如果任何人在根据本节对他的定罪成为最终判决后实施这种违法行为，或在实施这种违法行为时有欺诈或误导的意图，该人应被处以不超过 3 年监禁或不超过 10,000 美元罚款，或两者并罚。"

（四）《美国法典》第 2T3.1 节 [联邦量刑指南—逃避进口关税或限制（走私）；接收或贩运走私财产]

《美国法典》第 2T3.1 节规定了根据税收损失金额确定犯罪等级。对于违反《美国法典》第 18 卷第 541~545 节、第 547 节、第 548 节、第 550 节、第 551 节等的量刑适用该条。

《美国法典》第 2T3.1 节规定，如果税收损失超过 1,000 美元，则犯罪级别由联邦量刑指南第 2T4.1 节中规定的税收损失表确定。第 2T4.1 条中的表格规定,超过 250 万美元至 700 万美元的税收损失将被视为 24 级犯罪;税收损失超过 700 万美元、低于 2,000 万美元的,违法等级为 26 级。

三、分析

地区法院因根据第 2T3.1 节"逃避进口关税或限制(走私);接收或贩运走私财产"对被告违反刑事犯罪与诉讼第 545 节的走私行为进行量刑。被告造成政府税收收入损失超过 700 万美元,违法等级为 26 级,被告此前没有犯罪历史,联邦量刑指南给出的量刑范围为 63~78 个月,被告承认责任后被判入狱 63 个月,经过上诉减为 41 个月。

该案中,被告人被以刑事犯罪与诉讼第 545 节、第 371 节,联邦食品药品和化妆品法案第 331 节、第 333 节被判入狱。其中刑事犯罪与诉讼第 371 节共谋犯罪或欺诈国家,需要至少两人共同谋划针对国家的犯罪行为,并且至少有一人为此谋划并采取了实际行动,这项罪名刑期最高为 5 年。如果共谋的是最高刑期在 1 年以下的轻罪,那共谋者因此项罪名获得的刑期不能超过该轻罪的最高刑期。联邦食品药品和化妆品法案第 331 节规定禁止将贴错标签的食品用于州际贸易,第 333 节规定了这种行为的最高刑期是 1 年监禁,如果是再犯或者是以欺诈、误导为目的这么做的则最高刑期是 3 年,最高罚款是 1 万美元。

4.1.3 瞒报绿豆和干辣椒商品名称(韩国)[①]

一、案例概述

> A 是一家进口代理公司,在明知肥料"腐植酸(Humic Acid)"的进口关税税率为 6.5%,但绿豆的进口关税税率为 607.5%,干辣椒的进口关税税率为 270% 的情况下,将绿豆、干辣椒等伪装成腐植酸走私进口;B 为境内货主;C 是国内最终用户,从进口方购买并销售绿豆。

---

① 案例来源:Case Note 判例搜索服务平台,https://casenote.kr。查询时间:2022 年 12 月 8 日。

2014年7月，A向仁川海关申报进口标有申报编号"I"的22,500公斤腐植酸。在集装箱入口处和上端装载腐植酸、在其内侧装载绿豆进口。通过上述伪装方法，实际进口与申报货物不同的绿豆7,000公斤（市价90,861,400韩元），并将其销售给C。

2014年11月，A与B（货主）向仁川海关申报进口22,500公斤标有进口申报号码"L"的腐植酸。在集装箱入口一侧和上端装载腐植酸、在其内侧装载干辣椒进口。通过上述方法，实际进口与申报货物不同的干辣椒15,000公斤（市价190,062,510韩元）。

2014年12月15日，A与B申报进口40,000公斤的腐植酸。在一集装箱内侧装载15,000公斤M国产干辣椒，在其外侧部分装载4,375公斤腐植酸；在另一集装箱内侧装载15,000公斤M国产干辣椒，在其外侧共装载375公斤腐植酸。因为受到管制，上述货物没能通关到国内。A、B进口相当于30,000公斤（市价391,748,780韩元）的干辣椒，并申报为腐植酸，但只停留在预备阶段。

韩国关税法第269条规定，未按本法第241条或第244条规定提交进口申报而进口货物者，应被处以不超过5年的劳动监禁，或被处以不超过关税金额10倍或相关货物主要成本的罚款，以较高者为准。根据上述规定，作出如下处罚：

（1）对A处以有期徒刑1年，对B处以有期徒刑8个月，对C处以罚款1,000万韩元。

（2）C未缴纳上述罚款时，将10万韩元换算成1天的劳役，被留置到劳役场。

（3）对B，从判决确定日起，缓期2年执行上述刑罚，进行80小时的社会服务。

（4）没收从C处扣押的3,000公斤绿豆。

（5）从A处追缴280,923,910韩元，从B处追缴190,062,510韩元，从C处追缴90,861,400韩元。

二、相关规定

（一）韩国关税法第 269 条（走私行为）[第 12847 号]

"①任何人，如果出口或进口第 234 条①各项中提到的任何货物，应处以不超过 7 年的有期徒刑，或处以不超过 7,000 万韩元的罚款。

"②下列每个人应被处以不超过 5 年的有期徒刑，或被处以不超过关税金额 10 倍或相关货物主要成本的罚款，以较高者为准。

"1. 未按第 241 条第 1 款和第 2 款或第 244 条第 1 款规定提交进口申报而进口货物者。但此规定不适用于根据第 253 条第 1 款提交装运申报的人。

"2. 进口货物与根据第 241 条第 1 款和第 2 款或第 244 条第 1 款提交进口申报的货物不同的人。

"③下列每个人都应被处以不超过 3 年的有期徒刑，或被处以相当于相关货物主要成本的罚款。

"1. 未按第 241 条第 1 款和第 2 款的规定提交申报而出口或退回货物的人。

"2. 出口或退货的货物与根据第 241 条第 1 款和第 2 款提交的申报不同者。"

（二）韩国关税法第 271 条（犯罪未遂等）[第 12847 号]

"①故意教唆或协助第 269 条和第 270 条所禁止的任何犯罪行为的人，应按犯有任何主要罪行处罚。

"②犯有第 268 条第 2 款、第 269 条和第 270 条规定的所有未遂犯，应以本罪为准处罚。

"③对准备实施第 268 条第 2 款、第 269 条和第 270 条规定的任何犯罪的人的处罚，应减轻一半进行处罚。"

---

① 第 234 条（禁止出口和进口）
下列货物不得出口或进口。
1. 破坏宪法秩序、扰乱公共安全和秩序或败坏公共道德的书籍、出版物、图画、电影、记录、录像、雕塑和其他类似物品。
2. 泄露政府机密信息或用于执行情报任务的货物。
3. 假冒、伪造或抄袭的货币、债券和证券。

（三）韩国关税法第 274 条（获取走私货物的罪行等）[第 12847 号]

"①获取、转让、运输、保管、介绍销赃或鉴定以下任何货物的人，应处以不超过 3 年的劳役监禁，或处以不超过相关货物主要成本的罚款。

"1. 属于第 269 条的货物。

"2. 属于第 270 条第 1 款第 3 项、第 2 款和第 3 款的货物。

"②企图实施第 1 款所述犯罪行为的人应按主要犯罪行为进行处罚。

"③对准备实施第 1 款所述任何罪行的人，应减轻一半进行处罚。"

（四）韩国刑法第 30 条（共同犯罪）[第 293 号]

"如果两个或两个以上的人共同犯罪，他们中的每一个人都应作为所犯罪行的主犯受到处罚。"

4.1.4　瞒报干辣椒商品名称（韩国）[①]

一、案例概述

A、B、C 在保税运输途中，进入位于仁川西区仓库，采用"调换"事先准备好的腌萝卜和从外国进口的干辣椒的方法，走私外国产干辣椒。B 从外国销售商处购买干辣椒，C 负责联络，将上述物品从位于仁川的集装箱保税仓库运送到附近的保税仓库，上车后将事先准备好的进口申报腌萝卜运往保税仓库，利用叉车更换干辣椒和腌萝卜，将走私的干辣椒从仓库出库。

D 是利用货车从事货物运输业的人。虽然不能取得、转让、运输、保管、介绍或鉴定走私的物品，但 D 明知干辣椒是走私物品，仍受走私业者 A 等委托决定配送，2016 年 7 月在仁川某仓库分 2 次装载相当于 17 吨干辣椒后运输到某地。13 次搬运了相当于 235 吨外国产干辣椒。

采用以上方式，A、B 于 2016 年 5 月通过位于外国的销售商将 15 吨

---

① 案例来源：Case Note 判例搜索服务平台，https://casenote.kr/。查询时间：2022 年 11 月 8 日。

伪装成韩国仁川港甜萝卜的干辣椒运入，C没有立即进行进口通关程序，而是将15吨以上干辣椒换掉。经过18次，共走私了价值30亿韩元的302吨干辣椒。

处罚结果如下：

（1）A被判处有期徒刑2年，罚款5,400万韩元；B被判处有期徒刑2年，罚款4,500万韩元；C被判处有期徒刑1年6个月，罚款1,440万韩元；D被判处有期徒刑8个月。

（2）如果不缴纳上述罚款，A、B将以300,000韩元，C将以150,000韩元换算成各1天，将被留置到劳役场。

（3）从判决确定之日起，对C缓期执行3年，对D缓期执行2年。

（4）从A、B各追缴26亿韩元，从C追缴19.34443亿韩元。

对上述各项罚款和追缴金处以相当于上述罚款的临时付款。

二、相关规定

（一）韩国关税法第269条（走私行为）[第12847号]

第2款："下列每个人应被处以不超过5年的有期徒刑，或被处以不超过关税金额10倍或相关货物主要成本的罚款，以较高者为准。

"1.未按第241条第1款和第2款或第244条第1款规定提交进口申报而进口货物者。但此规定不适用于根据第253条第1款提交装运申报的人。

"2.进口货物与根据第241条第1款和第2款或第244条第1款提交进口申报的货物不同的人。"

（二）韩国关税法第274条（获取走私货物等的犯罪行为）[第12847号]

第1款："获取、转让、运输、保管、介绍销赃或鉴定以下任何货物的人，应处以不超过3年的劳役监禁，或处以不超过相关货物主要成本的罚款。

"1.属于第269条的货物。

"2.属于第270条第1款第3项、第2款和第3款的货物。"

（三）韩国关税法第 275 条（同时处以劳动监禁和罚款）[第 12847 号]

"犯有第 269 至 271 条和第 274 条规定的任何罪行的人，可根据犯罪情节，并处有期徒刑和罚款。"

（四）韩国刑法第 30 条（共同犯罪）[第 293 号]

"如果两个或两个以上的人共同犯罪，他们中的每一个人都应作为所犯罪行的主犯受到处罚。"

4.1.5　瞒报蚕茧商品名称（日本）①

一、案例概述

A 公司从事生丝和蚕茧等的批发业务。C（已去世）作为 A 公司的代表董事，负责公司的整体业务，他与 E 合谋逃避 A 公司从 E 国进口蚕茧和生丝的关税，货物申报为免关税的骨粉，在装满进口货物的集装箱靠近门的部分装骨粉，并在集装箱后面装蚕茧，在 1991 年 1 月至 1991 年 2 月间共进口 3 次。

A 公司通过 F 公司的雇员（不知情），向海关作了虚假的进口申报，所有进口货物只是免关税的骨粉，不包括隐藏在集装箱后面的共 4,948.9 公斤的蚕茧。A 公司均领取进口许可证，并在保税区保税仓库提取了上述进口货物，从而通过欺诈行为逃避了共计 573.27 万日元的关税。同年 2 月至 11 月，A 公司以同样手段将藏在集装箱后面的蚕茧，共计 396,660.8 公斤，在获得进口许可证的情况下，从保税区的保税仓库运出，从而通过欺诈行为逃避了共计 140,041,200 日元的关税。1991 年 12 月至 1992 年 3 月，又以同样手段将共计 159,360.1 公斤的蚕茧，从保税仓库中取出，通过欺诈行为免除了总额 430.95 万日元的关税。1992 年 4 月 18 日，A 公司又试图通过欺诈行为逃避总计 140.27 万日元的关税，但由于被税务官

---

① 案例来源：裁判所—Courts in Japan, https://www.courts.go.jp/index.html。查询时间：2022 年 11 月 10 日。

员发现而未能实现其目的。

处罚结果：A 公司被罚款 1,000 万日元。

二、相关规定

（一）日本海关法第 110 条、第 117 条（处罚）

第 110 条第 1 款规定，凡属下列各项者，应处以 10 年以下有期徒刑，或处以 1,000 万元以下罚款，或两者并罚：以虚假或不正当行为获得关税免除或退还的；对应纳关税的货物采取不正当手段未纳税而进口的。

第 117 条第 1 款规定，关于法人代表、法人或个人的代理人、使用人或者其他从业人员对该法人或人员的业务或财产，从第 108 条第 4 款至第 112 条（出口不得出口的货物的罪名、进口不得进口的货物的罪名、将不得进口的货物置于保税区等罪名、逃避关税等罪名、未取得海关许可而进出口等罪名、运输走私货物等罪名），第 112 条第 2 款（在用途之外使用等罪名）、第 113 条第 2 款（未在提交特别声明截止日期前提交特别声明的罪名）、第 114 条第 2 款（未报告等罪名）、第 115 条第 2 款（未能记录账簿等罪名）或与前款规定的违法行为有关〔（第 113 条（未经许可进入或离开不开放港口的罪名）、第 114 条和第 115 条（不提交报告等罪名）〕，除处罚行为人外，还对该法人或者人员处以有关各条的罚款。

（二）日本刑法第 45 条、第 48 条（合并罪—同时发生的罪行）

第 45 条："未经最终审判的两项或多项罪名为合并罪。如果对某项罪行判处超过监禁的判决，则合并罪仅限于该罪行和在审判确定之前犯下的罪行。"

第 48 条第 2 款："对合并罪中的两项或多项罪名处以罚款时，应处以不超过每项罪行规定的罚款总额。"

4.2 伪报商品编码[①]

4.2.1 伪报进口法兰商品编码（美国）

一、案例概述

　　1994年2月，美国商务部公布了对印度某些锻造不锈钢法兰的反倾销令。该反倾销令对来自印度的某些类型的不锈钢法兰征收反倾销税。2004年10月，T公司向美国海关边境保护局（U.S. Customs and Border Protection，CBP）提交从印度一次性进口不锈钢法兰的入境摘要，表示这些产品免收反倾销税。T公司在入境申报时将进口的不锈钢法兰申报为"01"消费类型，而非"03"反倾销类型。T公司在其入境文件中随附了一份含有印度出口商声明的普惠制原产地证书，盖有印度出口委员会印章，表明进口商品是在印度生产的。2005年8月，CBP对T公司进口的不锈钢法兰免税清算。

　　2005年11月，CBP确定该公司进口商品受到反倾销令约束。2006年1月向该公司发出预处罚通知，2006年5月发出处罚和征税通知，处罚款额为292,737.28美元，要求赔偿实际收入损失146,368.64美元。T公司认为这些进口物品是未完成的，因此不受反倾销令约束。

　　2007年4月，CBP的罚款、罚款和没收部门将T公司反对罚款和关税要求的申请提交给CBP的法规和裁决办公室。2007年5月，法规和裁决办公室发布了一项决定，认定T公司没有履行合理的谨慎义务。2009年9月，T公司在对CBP处罚通知书的答复中首次宣称，进口商品是出口并退回的美国货物。CBP于2011年11月发布了预处罚通知和征税要求，要求缴纳146,368.64美元的反倾销税和283,969.97美元的罚款。

[①] 案例来源：Westlaw Classic法律在线服务平台，https://legal.thomsonreuters.com/en/westlaw。查询时间：2023年2月8日。

T公司提供了从得克萨斯州的B公司购买锻件废料的文件，以及将锻件废料运到K公司的文件。CBP随后比较了进口到美国的文件和T公司退回给B公司的错误货物的文件。CBP发现，进口商品的重量（35,837磅）与退回B公司的商品重量（37,346磅）不一致，进口商品的价值（91,749美元）与退回B公司的商品价值（24,275美元）不一致。CBP认为T公司没有证明进口商品"完全按原样退回"，因此认定发生了违规行为。

T公司认为价值上的差异是由于公司出口到印度的被认为是废金属，而其从印度进口的被认为是好产品（即锻件）。

2013年12月，美国海关对T公司提起诉讼，声称T公司因疏忽而违反了《美国法典》第19卷第1592节，应缴283,969.97美元的罚款和146,368.64美元的反倾销税。

T公司辩称，B公司于2004年5月错误地将其认为是废金属的东西运到T公司，结果是好产品（即实际的锻件，而不是制造锻件的废金属）；B公司在意识到错误后要求T公司退回商品；T公司随后要求K公司将产品从印度退回美国。

2015年10月，在为本诉讼取证期间，公司总裁M承认，公司在其入境表格上表示钢制法兰是在印度生产的声明是错误的，而且在向CBP转交入境表格时，他知道该声明是错误的。M指出，公司的业务是从美国公司购买锻造的废金属并出口到印度，但非重复进口商，公司没有向CBP提交其外国托运人K公司的声明，证明这些物品是从美国出口的，"并在没有通过任何制造过程或其他手段提高价值或改善状况的情况下被退回"，这是美国货物退回获得免税待遇的要求。K公司的负责人随后作证说，进口商品是美国退货商品。

法院裁决T公司进口货物受反倾销令约束：反倾销令明确涵盖本案有争议的商品；T公司不符合将其商品申报为美国退货的监管要求。因此，法院命令T公司支付146,368.64美元的反倾销税和141,984.98美元的罚款，占法定最高限额283,969.97美元的50%。

二、相关规定

（一）《美国联邦法典》第 19 卷第 10.1 节（出口产品复进口免税要求）

如果进口商声称其本应受到反倾销令制裁的货物因为是美国退货而免税，进口商必须满足《美国联邦法典》第 19 卷第 10.1 节的监管要求，即如果价值超过 2,500 美元则须提交外国托运人按规定形式作出的声明，或清楚地标明美国制造商名称和地址时，美国海关要求的其他文件或证据，包括美国制造商声明，证明商品是美国制造的，或证明商品的美国原产地和/或出口原因的美国出口发票、提单或空运单。

（二）《美国法典》第 19 卷第 1592 节（对疏忽、重大过失或欺诈的处罚）

对关税疏忽的处罚，参见《美国法典》第 1592 节第 e 款第（4）项、第 a 款第（3）项。

三、影响罚款金额的因素

对于罚款金额的决定，法院在参考相关案例的判决后认为，根据违规历史、被告的支付能力、罚款相对于企业规模的适当性以及罚款对企业持续经营的影响——有利于减轻处罚；根据被告的过失程度、有争议的违规行为的性质和情况、违规行为的严重性，则反对减轻处罚，赞成最高处罚。考虑到由于 T 公司是一家一次性进口商，是一家小企业，之前没有违规记录，但故意向 CBP 提供欺诈性材料，法院处以法定最高罚款额的 50%。

4.2.2　伪报维生素商品编码（美国）[①]

一、案例概述

I 公司是一家在特拉华州注册成立的私营公司，总部位于新泽西州，

---

① 案例来源：美国司法部官网媒体发布，https://www.justice.gov/usao-sdny/pr/usattorney-announces-228-million-settlement-civil-fraud-lawsuit-against-vitamin。查询时间：2023 年 2 月 20 日。

在全球从事维生素和营养补充剂的生产、包装、销售和分销。I 公司进口原材料（维生素和营养补充剂）到美国，再销售给若干零售公司。2015 年 1 月—2019 年 9 月，I 公司进口了数千件原料、散装维生素和营养补充剂。

CBP 在对 I 公司的审计中发现其错误使用了免税税号，并向其发布通知，告知其对相关产品的 HTSUS 归类存在问题，要求重新归类该产品。I 公司确认其使用的归类不正确之后，仍未能汇出少付的税款。例如，2016 年 8 月，CBP 就 I 公司进口的几批维生素片向其发出通知。I 公司此前对这些维生素片确定的税号为 HTSUS 品目 2936，该品目免税，而 CBP 确定正确的归类应为 HTSUS 税号 2106909998，税率为 6.4%。2016 年 9 月，CBP 发布了一份与 I 公司进口的几批维生素片有关的通知。I 公司再次将这些维生素片归类为 HTSUS 品目 2936 下的免税品，但 CBP 同样确定，正确的归类为 HTSUS 税号 2106909998，税率为 6.4%。I 公司收到这些行动通知后，改变了通知中指明特定产品的 HTSUS 税号。然而，I 公司并未对其他类似产品进行系统审查，以确定它们是否同样被错误归类。2015—2019 年，I 公司错误归类了 34 项商品，使其逃避了数百万美元的关税。

在使用不正确的 HTSUS 税号归类超过 3 年后，I 公司聘请了一名顾问来分析其归类的适当性。2018 年 12 月，I 公司顾问出具的分析报告指出其对部分产品错误使用了免税税号，并给出正确税号。I 公司的雇员根据顾问的分析计算出，在过去的 5 年里，I 公司少付了 1,000 多万美元关税。此后，I 公司仍坚持使用其对这些产品的错误归类超过 9 个月，2019 年 9 月，I 公司将其产品归类变更为顾问建议的正确税号。

2019 年 9 月对涵盖产品采用正确的 HTSUS 税号归类后，除了对几份不连续的海关通知作出回应外，I 公司未向 CBP 支付此前其对产品少付的关税。

本案由 I 公司的利益关系人在 2019 年 10 月 16 日提起诉讼，但在和解协议中表示在不影响政府拥有的任何权利或索赔的情况下，撤销了相关索赔。同时，政府介入并就所涉违法行为向 I 公司提出索赔。I

公司应在判决生效日期（2023年1月30日）后的14个工作日内支付22,865,055.00美元的款项，以及以3.2%的年复利计算的到付款日的利息，其中10,832,678.00美元加上适用的利息构成赔偿。

二、相关规定

（一）《美国联邦法典》第19卷第141.4节（对疏忽、重大过失或欺诈的处罚）、《美国法典》第1484节（入境要求）、《美国法典》第1505节（支付关税与费用）

根据《美国联邦法典》第19卷第141.4节和《美国法典》第19卷和第1484节、第1505节规定，进口商或其代理人必须向CBP提交适当文件，以便评估进口到美国商品的关税。

（二）《美国法典》第31卷第3729节（FCA虚假索赔法案）

根据《美国法典》第31卷第3729节，I公司未能根据HTSUS协调关税表对其进口产品准确归类，并提交了错误归类的进口汇总表，其欺诈行为使政府受到关税损失。因此，政府有权根据该条获得3倍的损害赔偿，并有权根据法律对违法行为处以民事处罚。

4.2.3　伪报电缆商品编码（美国）[①]

一、案例概述

N公司位于纽约，D为该公司执行总裁。2011年3月—2012年2月，N公司通过伊利诺伊州芝加哥港入境了107批由同轴电缆组成的商品。这些同轴电缆是以卷轴形式进口的，卷轴上标有"应用、通用、监控和闭路电视"，并装在标有"CCTV和CATV电缆"的盒子里。N公司入境文件将该电缆列为：（1）HTSUS税号83112000，用于电弧焊的贱金属芯线，

[①] 案例来源：Westlaw Classic法律在线服务平台，https://legal.thomsonreuters.com/en/westlaw。查询时间：2023年2月8日。

可按零税率征税；（2）HTSUS 税号 8544110050，可按 3.5% 的从价税率征税的绕组线；或（3）HTSUS 税号 85444910，可按零税率征税的电信类绝缘线。

实际上，有关的同轴电缆应归入 HTSUS 税号 85442000，即同轴电缆和其他同轴电导体，按 5.3% 的从价税率征税。

D 是 N 公司的唯一高管，且也曾是 A 公司和 B 公司的唯一高管，具备应用了解商品正确归类的经验。2003—2006 年，D 通过 A 公司进口 203 条同轴电缆。A 公司 203 次入境均将电缆归类在 HTSUS 税号 83112000 项下，作为电弧焊用贱金属芯线，免税入境。

2006 年 6 月，CBP 在匹兹堡港检查了 A 公司的一次申报，发现该申报商品为连体［同轴］电缆，而不是申报文件上的电弧焊丝。随后，A 公司停止了通过匹兹堡港的进口，转而通过芝加哥港和沼泽地/劳德代尔堡港实施进口 8 次，将同轴电缆归入 HTSUS 税号 85444900 或 HTSUS 税号 83112000，两者均为零关税。

2006 年 8 月，D 开始通过 B 公司进口同轴电缆，使用与 A 公司时期相同的报关行。2006 年 8 月—2011 年 2 月，B 公司进行了 341 个同轴电缆入境申报。B 公司将每笔进账都归为"电弧焊丝，免税"。其中有几个申报包含一张商业发票，说明正确的归类是在 HTSUS 税号 85444000 项下，作为同轴电缆。在 B 公司的 18 次申报中，同轴电缆的正确归类被划掉了，而电弧焊丝的错误归类被手写进去。CBP 于 2011 年 2 月检查了 B 公司的一次申报后，其停止了进口同轴电缆。

2011 年 3 月，D 开始通过 N 公司进口同轴电缆，使用与 A 公司和 B 公司时期进口时相同的报关行。2011 年 12 月，CBP 的计算机系统确定 N 公司的一个申报需要例行查询。应 CBP 的要求，N 公司的报关行提供了一份报关单，并附上商业发票，说明该商品为"CCTV 闭路电视"电缆，而不是电弧焊用的贱金属芯线。这一信息促使 CBP 发现了 N 公司的违规归类。

2016年2月，CBP向N公司和D发出了预处罚通知，确定了与同轴电缆错误归类有关的总税收收入损失为470,008.75美元，实际税收收入损失为379,665.83美元。该通知进一步建议根据N公司和D的欺诈行为处以金额为3,760,070.00美元的罚款，相当于税收收入损失的8倍。N公司和D都没有对预处罚通知作出回应。

2016年3月，CBP向N公司和D发出了金额为379,665.83美元的关税要求和金额为3,760,070.00美元的罚款通知，以示对N公司和D单独或共同犯有欺诈性错误归类的处罚。N公司和D都没有回应，也没有支付关税和罚款处罚。

2016年12月，CBP发起了诉讼，国际贸易法院认为进口商有责任支付379,665.83美元的未付关税，且3,760,070.00美元的民事罚款是合理的。

二、相关规定

（一）《美国联邦法典》第19卷第171节附录B（对违反《美国法典》第19卷第1592节的行为处以和减轻处罚的指南）

"（1）疏忽。如果一项或多项行为（作为或不作为）是由于在相同情况下未能行使预期的合理谨慎程度和能力而导致的，则认定该违反行为为疏忽行为：（a）在确定事实或从中作出推论时，在确定违法者在法规下的义务时；或（b）以接收方可以理解的方式传递信息。作为一般规则，如果违反行为是由于未能行使合理的谨慎和能力：（i）确保与商品进口相关的声明和信息完整、准确；或（ii）执行法令或法规要求的任何重大行为。

"（2）重大过失。如果一项或多项行为（作为或不作为）在实际了解或肆意无视相关事实的情况下，以及违法者无视法律规定的义务，则该违法行为被视为严重过失。

"（3）欺诈。如果与交易相关的重大虚假陈述、遗漏或行为是故意作出的（或遗漏），即根据明确和令人信服的证据，是自愿和故意作出的，则违规行为被认定为欺诈行为。"

（二）《美国法典》第 19 卷第 1592 节第 b 款（对疏忽、重大过失或欺诈的处罚前通知与罚款要求）

"（1）处罚通知。

"（A）一般而言，如果海关有合理理由相信存在违反第 a 款的行为，并确定有必要采取进一步的诉讼程序，则应向有关人员发出书面通知，说明拟罚款要求。该通知须——

"（i）描述商品；

"（ii）列明进入或引进、试图进入或引进、协助或促成进入或引进的细节；

"（iii）详细说明涉嫌违反的所有法律和法规；

"（iv）披露证明涉嫌违规的所有重要事实；

"（v）说明所指控的违规行为是否因欺诈、重大过失或疏忽而发生；

"（vi）说明合法关税、税款和费用（如有）的预计损失，并在考虑所有情况后，说明拟议的罚款数额；和

"（vii）通知当事人，其应有合理的机会以口头和书面形式就为何不应以所述金额提出罚款要求作出陈述。

"（B）例外情况。如果——

"（i）违反第 a 款的进口行为是非商业性质的，或

"（ii）根据第（2）项发出的罚款申索中的罚款金额为 1,000 美元或更少。

"（2）处罚要求。

"在考虑有关人员根据第（1）项发出的通知作出的陈述（如有）后，海关应确定是否发生了通知中指称的违反第 a 款的行为。

"海关认定不存在违法行为的，应当及时向被通知人出具书面认定书。海关认定有违法行为的，应当向当事人出具书面处罚声明。

"书面处罚声明应详细说明根据第（1）项（A）（i）至（vi）提供的信息的所有更改。根据本法第 618 节［19 USCS § 1618］，此人应有合理的机会作出口头和书面陈述，寻求免除或减轻处罚。

"在根据此类第 618 节［19 USCS § 1618］进行的任何程序结束时，海关

服务应向有关人员提供一份书面声明，说明最终裁决以及该裁决所依据的事实调查结果和法律结论。"

三、分析

根据法院收到的证据，应判处巨额罚款。

第一，若成立新公司是为避免法定义务可构成加重处罚因素。原告的事实指控和支持证据表明，N公司的成立是为了避免记录进口商的法定责任和对相关条目支付合法关税。

第二，N公司的错误归类忽略了几项公开的海关裁决。

第三，CBP先前向A公司的代理人提供的有关同轴电缆正确归类的信息。

第四，N公司无视说明书和发票、线轴和商品包装盒上列出的"CCTV和CATV电缆""同轴""同轴电缆"等标的商品的描述。

第五，违法行为的历史：N公司的违规行为，包括近一年的107次入境，代表了"一种无视美国海关法的模式"，而不是"孤立事件"。这些错误归类给N公司带来了巨大经济利益，总计470,008.75美元，使价值几百万美元的货物未付关税。N公司违法行为的严重性表明需要加大处罚力度。违法行为的严重性可以从违法行为的频率、有争议的关税金额和进口货物的国内价值等方面进行评估。

第六，惩罚对被告继续经营的能力的影响：鉴于N公司没有辩护，法院无法评估任何处罚对N公司的实际影响。

第七，处罚对法院良知造成冲击：考虑到违法行为的性质和严重性，以及对美国法律的公然和故意的无视和违反，在法定处罚范围内的处罚款额不会对法院良知造成冲击。

第八，公共政策考虑倾向于加重处罚："向海关真实准确地提交文件，并全额及时支付进口商品所需的关税"符合公共利益。政府遭受的损害不限于关税损失的美元价值。政府还花费了资源调查错误归类的申报，并对N公司采取执法行动。如果没有减轻情节，例如自愿披露违规行为，这一因素也有利于加重处罚。

鉴于上述情况，政府要求的罚款金额为 3,760,070.00 美元，低于允许的相当于商品国内价值的 9,418,016.72 美元。因此，在本案中，所请求的罚款是合理的。

4.2.4 伪报冷却器商品编码（美国）[①]

一、案例概述

2008 年 12 月，C 公司开始进口冷却器和一些零件，其成品类似于一个带轮子的大型冷却器。2010 年 9 月，B 先生向美国海关询问完全组装冷却器归类的内部建议，海关将完全组装的冷却器归类为税号 8704900000，税率为 25%，并非免税税号 8711900000。同月，海关向该公司发出"知情合规通知"，告知 C 公司将进口冷却器某些零件归入完全组装冷却器税号 8711900000，以获得免税待遇的行为是不恰当的，因为只有当美国协调关税表中没有涵盖零件的具体税目条文时，冷却器的零件才能归入完全组装的冷却器税目中。在正确归类情况下，这批冷却器的某些零件需按 3% 或 10% 税率缴纳进口关税，C 公司收到海关通知书后，仍将进口零件归入整机的免税税号。

2011 年 1 月，海关向该公司发出第二份通知，并于 2011 年 2 月面见了 B 先生及其律师，告知其将冷却器零件归入整机的免税税号是不正确的。同月，B 先生创建了 L 公司，接管了 C 公司的冷却器及其零件进口业务。2011 年 3 月，海关通过 B 先生的另一家公司 D 公司向其发布了约束性裁定，确定了顶部可移动的冰柜归类税号，税率为 3.2%。但 2011 年 7 月—2013 年 4 月，L 公司继续以错误税号向 CBP 申报进口零件 12 次，违反了约束性裁定。

此外，L 公司对海关作出虚假陈述，表示其与制造货物的公司没有关系，事实上，B 先生拥有制造公司的所有权，且 L 公司的一名雇员出现

[①] 案例来源：Westlaw Classic 法律在线服务平台，https://legal.thomsonreuters.com/en/westlaw。查询时间：2023 年 2 月 8 日。

在制造货物公司的工资单上。

2013年11月，海关向C公司发出预处罚通知，该公司没有回应。2014年1月，海关发布了金额为14,332.64美元的处罚通知，相当于政府收入损失的4倍。2013年12月，海关向L公司和B先生发出预处罚通知，确认政府收入损失16,030.11美元，并确定了欺诈罪责等级，建议处以852,365.28美元罚款，相当于L公司进口商品的国内价值。2020年7月，美国国际贸易法院指控C公司属于重大过失，处以14,332.64美元罚款；L公司属于欺诈行为，处以852,088.45美元罚款及判决后利息。

二、相关规定

（一）《美国法典》第19卷第1592节第e款（国际贸易法院诉讼程序）

美国法典第19卷第1592节第e款规定，如果罚款是基于欺诈、重大过失或疏忽，美国政府具有举证责任，以明确和令人信服的证据证明所指控的违法行为、所有要素。对于疏忽，违法者也应承担责任，证明其行为或不作为不是由于疏忽而发生的。

（二）《美国法典》第19卷第1592节第c款（对疏忽、重大过失或欺诈的最高处罚）

《美国法典》第19卷第1592节第c款规定，欺诈行为的处罚不超过商品国内价值；重大过失的处罚不超过商品国内价值，或被剥夺或可能被剥夺的合法关税税费的4倍，或如果违规行为不影响关税评估，则为商品应税价值的40%。

三、分析

（一）重大过失和疏忽的讨论

C公司和L公司向海关提交虚假信息，将商品归类在不正确的税号，影响了海关对违约被告关税责任的确定，剥夺了政府应得收入。国际贸易法院判定C公司的虚假陈述是严重疏忽情况下作出的，L公司的错误陈述是以欺诈方式作出的，具体分析如下。

1. C公司的行为存在重大过失。将逃税归因于重大过失，要求政府证明被告的行为"实际知道或肆意无视相关事实，以及漠视或无视应承担的义务"来确定。政府认为，C公司在2010年9月收到了知情遵守通知书，此后仍向海关提交了进口零件免税申报，这是严重的过失。

2. L公司行为具有欺诈性。将逃税归因于欺诈要求政府以明确和令人信服的证据来证明所指控的违法行为。政府表示，L与C和D公司拥有相同的注册代理人、至少共有一名成员、拥有相同的注册地址、进口和销售相同的冷却器零件，这些联系证明了3家公司经营活动的连续性。因此，法院认为，可以合理地认定L公司知晓C公司收到的知情合规通知、海关向D公司发出的具有约束力的裁决书。此外，B代表D公司会见了海关官员，并被当面告知将冷却器零件归入免税税号的行为是不恰当的，为逃避海关监管B成立了新公司L，仍继续故意将这些零件错误归类。基于以上证据，法院判决L公司的进口属于欺诈行为。

（二）罚款处罚因素

1. 从被告是否真诚遵守法规、有罪程度和先前的违规历史衡量被告的品格。被告C公司无视海关2010年9月的知情合规通知，没有表现出遵守法规的诚意，导致法院将C公司的罪责水平确定为重大过失。L公司的老板B有违规历史，并创建了L公司以逃避审查，同样没有表现出遵守法规的诚意，导致法院将L公司的罪责级别确定为欺诈。这些因素均使法院认定被告品格不良，偏向对被告处以最高民事处罚。

2. 从违法侵犯的公共利益，违法行为的性质和情况，以及违法行为的严重性角度衡量罪行的严重性。本案中，向海关真实准确申报进口货物、及时全额支付进口关税对公共利益影响重大，具有公共属性，对于持续不遵守海关法规影响政府收入行为应给予重罚。同时，本案不是一个孤立的事件，而是呈现出一种严重无视和逃避美国海关法的状态，违法行为严重，进口商有很高的罪责，因此最高处罚是合理的。

3. 从被告的支付能力、与被告经营业务挂钩的罚款数额、罚款对继续经营能力的影响，以及法院认为罚款数额是否恰当的角度衡量处罚的实际效果。由于C公司和L公司都没有进行辩护,法院缺乏关于被告的支付能力和处罚对被告继续经营能力的影响的信息。基于C公司和L公司的经营规模,政府在起诉书中要求C公司支付的14,332.64美元和L公司支付的852,088.45美元的民事罚款无疑是一笔巨款。但是,鉴于公司公然故意无视和违反美国法律,在本案中适用法定的罚款范围,并无不妥。

4. 从对公众的危害程度,能否维护机构权威,以及受损害方是否得到了赔偿角度分析违法行为对公共治理影响。本案中,公共治理秩序受到了极大挑战,海关为追回税款,被迫进行了经年累月的调查和诉讼。此外,海关还花费了大量人力、物力发送知情合规通知书,甚至亲自会见了B及其律师。法院对这些因素的审查支持了最高罚款。

4.2.5　伪报悬浮滑板商品编码(英国)[①]

一、案例概述

T是B公司的唯一董事,W接管悬浮滑板进口业务,但此前并没有在英国进口货物的经验。W与进口代理负责人V多次就进口悬浮滑板应归入的税号通过电子邮件沟通。

2015年12月,V向W发送邮件表示,通常电动踏板车和带有辅助电动机的自行车,连续额定功率不超过250瓦,归入税号8711901000,关税税率为6%。无动力踏板车,即脚踏踏板车归在第95章中。B公司使用的税号9503001000,关税税率为0%。

2015年12月,W向V发送邮件,表示B公司愿意改变关税税号,但上周到达的2个集装箱以及当天到达的2个集装箱仍使用9503001000,后续则使用新税号8711901000。

英国边境检察署发现了由此产生的不一致,于2016年5月进行合规

---

① 案例来源:Westlaw Classic 法律在线服务平台,https://legal.thomsonreuters.com/en/westlaw。查询时间:2023年2月2日。

干预访问，发现 B 公司宣称将悬浮滑板归类为"三轮车、踏板车、脚踏车及类似带轮玩具、玩偶车"，税号为 9503001000，以及"其他带有动力装置的玩具及模型"，税号为 9503007900，两者的关税税率均为 0%。未能使用正确的税号 8711901000、以 6% 的税率申报这些货物，导致少付 78,590.23 英镑的关税和 15,718.05 英镑的进口增值税。

2016 年 6 月，海关官员致函 B 公司。该公司获悉，其部分海关申报单的税号不正确，导致少付关税和进口增值税。海关官员通知该公司，他们打算以 94,308.28 英镑（78,590.23 英镑的关税和 15,718.05 英镑的增值税）的总额提出一份清关后缴税通知书（C18）。该公司被要求在 30 天内提供进一步的证据或论据。

2016 年 8 月，公司偿还了债务。该公司还被告知，英国税务海关总署（Her Majesty's Revenue and Customs，HMRC）可能会考虑根据海关处罚程序采取进一步行动，如果采取进一步行动将书面通知他们。2017 年 4 月，HMRC 官员向该公司发出信函，概述了 HMRC 对其关税和进口增值税事务进行的行动和查询。T 承认 2015 年使用的税号不正确，同时忽视了货运代理正确税号的建议。

HMRC 发出海关逃税民事处罚，基于以下原因，将处罚减轻到 40%：对进口商品进行错误分类的时间较短，即 3 个月，因此减少 20%；以考虑到 T 先生出席合规性访视以及愿意参加相关会议，以及公司及时回复并提供了所需信息，减少 40%。

2018 年 5 月，海关发布该金额的正式罚款通知，逃避关税和增值税的总额为 94,308.28 英镑（78,950.23 英镑关税和 15,718.05 英镑进口增值税）。因此，在建议罚款 40% 时，海关提出了金额为 37,723.00 英镑的海关民事逃税罚款（Customs Civil Evasion Penalty）。

2018 年 6 月，HMRC 收到该公司发出的信函，并要求官员重新考虑其发布的海关民事逃税罚款的决定。随后对该案进行了复审，维持了处以海关民事逃税罚款的决定，但罚款减少了 10%，修改后的罚款为 28,292.00 英镑。

二、相关规定

（一）英国财政法（2003）第 25 节（对逃税的处罚）

运输代理商与 W 之间的电子邮件通信内容表明，W 故意错列货物，因此少付了关税。财政法 2003（Finance Act 2003）第 25 节规定，任何情况下，一个人从事任何旨在逃税的行为，以及其行为涉及不诚实（无论是否会引起任何刑事责任），该人应受到相当于逃税或试图逃税金额的处罚，但本条规定不适用于特惠关税。任何人"逃避"任何相关税收或关税，包括其在无权获得的情况：任何有关税项的退还；任何有关税项或责任的宽免、豁免；延迟或以其他方式推迟其缴付任何有关税项或关税的责任，或以付款方式解除任何该等责任还包括其他逃避取消任何此类还款、退税、退费、救济、豁免或津贴的权利或撤回任何此类还款、退税、退费、救济、豁免或津贴。

（二）英国财政法（2003）第 29 节（对第 25 节或第 26 节犯罪减轻处罚）

第 29 节规定，如用于支付任何相关税款或关税的资金不足或罚款数额不足，或在该案件与任何其他案件中，没有重大损失或没有任何与税款或关税相关的事实，且应受处罚的人或代表其行事的人是善意行事的，可予减轻处罚。

当事人曾从事任何以逃避有关税或其他税款为目的的行为，且该人的行为涉及不诚实时，税务和海关才可处以民事处罚。

4.2.6　虚假申报皮短靴（日本）[①]

一、案例概述

A 公司从事鞋和鞋材等的进出口业务，B 是该公司的代表董事，负责公司的所有业务。B 在进口游艇用皮短靴的过程中，存在以虚假内容向海关主管部门申报进口的不法行为，声称没有防水功能的皮短靴是关税

[①] 案例来源：裁判所—Courts in Japan，https://www.courts.go.jp/index.html。查询时间：2022 年 11 月 15 日。

税率较低的游艇用皮短靴，实际上具有防水功能。2005年11月，被告公司通过报关员，以被告公司的名义进口了3,001条无防水功能的皮短靴和2,999条具有防水功能的游艇用皮短靴。关税、消费税和地方消费税的实际金额分别为142.79万日元、89.27万日元和22.31万日元。但事实是，上述3,001条皮短靴是没有防水功能的其他鞋类，所有上述进口货物，总共6,000条，是用于体操、比赛和类似用途的鞋类。关税、消费税和地方消费税总额分别为214.17万日元、41.8万日元和10.45万日元。工作人员查出，进口商打算进口的皮短靴中含有非防水鞋。

A公司被罚款150万日元；B被判处1年监禁，自本案审理终结之日起缓期3年执行刑罚。

二、相关规定

（一）日本海关法第110条、第117条（处罚）

第110条第1款："凡属下列各项者，应处以10年以下有期徒刑，或处以1,000万日元以下罚款，或两者并罚。

"一 以虚假或不正当行为获得关税免除或退还的；

"二 对应纳关税的货物采取不正当手段未纳税而进口的。

第117条第1款："关于法人代表、法人或个人的代理人、使用人或者其他从业人员对该法人或人员的业务或财产，从第108条第4款至第112条（出口不得出口的货物的罪名、进口不得进口的货物的罪名、将不得进口的货物置于保税区等罪名、逃避关税等罪名、未取得海关许可而进出口等罪名、运输走私货物等罪名）、第112条第2款（在用途之外使用等罪名）、第113条第2款（未在提交特别声明截止日期前提交特别声明的罪名）、第114条第2款（未报告等罪名）、第115条第2款（未能记录账簿等罪名）或与前款规定的违法行为有关［第113条（未经许可进入或离开不开放港口的罪名）、第114条和第115条（不提交报告等罪名）］，除处罚行为人外，还对该法人或者人员处以有关各条的罚款。"

（二）日本刑法第 10 条（主要刑罚）

第 10 条："主要刑罚的轻重，按照前条规定的顺序进行。但是，在无期徒刑和有期徒刑之间，应当以无期徒刑为重，无期徒刑的刑期超过有期徒刑的两倍时，也应当以有期徒刑为重。"

（三）日本刑法第 25 条（缓期执行）

第 25 条第 1 款："下列人员被判处 3 年以下有期徒刑或无期徒刑，或被判处 50 万日元以下罚款时，可根据情况，自司法判决生效之日起，缓期执行全部刑罚，时间不得少于 1 年，不得超过 5 年。

"一 以前没有被判处无工作监禁或更严厉处罚的人；

"二 曾被判处无期徒刑或更严厉处罚的人，但自刑罚执行完毕或放弃执行之日起 5 年内未被判处无期徒刑或更严厉处罚的人。"

（四）日本刑法第 54 条（同时发生的罪行）

第 54 条第 1 款："一个行为触犯两个以上罪名，或者作为犯罪手段或结果的行为触犯其他罪名的，按其最严重的刑罚来处罚。"

4.3 伪报商品规格

伪报石墨电极半径尺寸（美国）[①]

一、案例概述

A 公司是一家位于宾夕法尼亚州从事进出口贸易的公司。该公司从事从 Z 国进口小半径石墨电极业务，该电极由半径 16 英尺或者更短的石墨合成而成，用于发电或炼钢的燃料。根据规定从 Z 国进口该石墨电极需要缴纳巨额反倾销税，所以该公司自 2009 年 12 月到 2012 年 3 月谎报 15 批次该石墨电极的尺寸（16 英尺以上的石墨电极不征收反倾销税）以逃避反

---

① 案例来源：美国司法部官网媒体发布，https://www.justice.gov/opa/pr/four-pennsylvania-based-companies-and-two-individuals-agree-pay-3-million-settle-falseclaims。查询时间：2023 年 6 月 18 日。

倾销税。被告公司承认其中两起（分别发生在 2011 年的 4 月 27 日和 6 月 9 日），根据美国第 545 节被指控触犯两项走私罪，被判 10 天之内缴纳罚款 25 万美元以及缴纳 300 万美元以偿还偷逃反倾销税款 2,137,400 美元。

除此之外，该公司与另外两家公司以及这三家公司的拥有者，还有由其中一位拥有者监督管理并一度处于其妻子名下关联公司均被指控触犯了《美国法典》第 31 卷第 3729 节。根据这条规定，利用或制造虚假记录或声明以此来逃避向政府纳税义务，处 5,000 到 1 万美元罚款外加逃避缴纳款项的 3 倍罚款。与此同时，《美国法典》第 31 卷第 3730 节规定个人或单位也可以就第 3729 节向被告人发起诉讼，如果关系到政府的利益，政府可以介入，这种情况下被告人缴纳的罚款有 15% 到 25% 可以归原告人所有。这个案例中，一家负责石墨电极销售的公司作为原告率先向被告发起诉讼，美国政府随后介入。最后被告达成协议支付 300 万美元，该石墨电极销售公司得到了其中的 48 万美元。

二、相关规定

（一）《美国法典》第 31 卷第 3729 节（FCA 虚假索赔法案）

根据《美国法典》第 31 卷第 3729 节，一般情况下，任何人有如下行为，有责任向美国政府支付民事罚款及政府因该人行为而遭受损失的 3 倍金额：

（A）故意提出或导致提出虚假或欺诈性的付款或批准要求。

（B）故意制作、使用或导致制作或使用与虚假或欺诈性索赔有关的虚假记录或陈述。

（C）密谋实施违反第（A）、（B）、(D)、(E)、(F) 或 (G) 项的行为。

（D）拥有、保管或控制政府使用的或将要使用的财产或金钱，并故意交付或导致交付的金钱或财产短缺。

（E）被授权制作或交付证明收到政府使用或将使用的财产的文件，并有意欺骗政府，在不完全知道收据上的信息是真实的情况下制作或交付收据。

（F）故意从政府官员或雇员或武装部队成员那里购买公共财产，或接受

其作为担保或债务的质押，而该官员或雇员或武装部队成员在法律上不得出售或质押财产；或

（G）故意制作、使用或导致制作或使用与向政府支付或转交金钱或财产的义务有关的虚假记录或陈述，或故意隐瞒或故意和不适当地避免或减少向政府支付或转交金钱或财产的义务。

（二）《美国法典》第 31 卷第 3730 节（对虚假声明的民事诉讼）

根据《美国法典》第 31 卷第 3730 节，对于《美国法典》第 31 卷第 3729 节规定的违法行为，可以由政府或私人对违法者提起民事诉讼。由私人提起的民事诉讼，如果关系到政府的利益，政府可以介入，这种情况下，私人原告可以获得 15% 到 25% 的诉讼收益或赔偿金，作为给予"公益代位"原告的奖励。

（三）《美国法典》第 18 卷第 545 节（刑事犯罪与诉讼——向美国走私货物罪）

"有意和故意欺骗美国的任何人，实际或企图走私或秘密将任何本应开具发票的商品带入美国，或制作、通过或企图向海关递交任何虚假、伪造或欺诈的发票或其他文件；或

"任何人欺诈或故意违反法律进口或携带任何商品进入美国，或在明知该等商品是违反法律进口的情况下，在进口后接受、隐藏、购买、出售或以任何方式便利运输、隐藏或出售该等商品——

"应根据本节处以罚款或不超过 20 年的监禁，或两者兼施。

"除非被告拥有陪审团满意的证据，否则应被视为足以授权对违反本节规定的行为进行定罪。

"违反本节规定进入美国的商品或其钱款，应从本节第一段或第二段所述的当事人处收回，交给国家。

"本节中使用的'美国'一词，不包括维尔京群岛、美属萨摩亚、威克岛、中途岛、金曼礁、约翰斯顿岛或关岛。"

5

未申报走私、保税或过境走私、
违禁品走私案例与相关规定

5.1 未申报走私

5.1.1 走私未申报货物（美国）[①]

一、案例概述

C公司从加拿大向美国进口机械零件，N是该公司总裁，A是其儿子，受雇于该公司。1990年10月，美国海关官员发现A将一些机器零件藏在汽车后备箱中，试图在不支付关税的情况下将商品从加拿大带到美国，在回答海关的提问时，A对其汽车后备箱的货物、汽车的所有权以及商品为何藏入后备箱作了虚假陈述。海关扣押了这些商品，但当天晚些时候，A支付了500美元的罚款，海关放行了这些商品。

该事件引起美国海关对C公司进口到美国的其他商品的调查，发现其共有35次没有向海关提交正确的入境商品发票价值，共有29次将商品输入美国，没有向海关申报，64项进口货物真实国内价值合计为686,769美元。N和A在与海关官员面谈中就前述相关事项提供了不一致和误导性回答。1992年11月，美国海关对N提起刑事起诉，罪名是违反了美国法典第18卷第1001节（虚假陈述罪）和第545节（向美国走私货物罪），被告表示认罪。海关于当年12月向被告发出处罚前通知，给予其向海关提交资料以减轻处罚的机会，但被告未予回应。1995年10月，美国海关提起诉讼，根据《美国法典》第19卷第1592节规定就前述64项进口提起民事罚款，总额为其国内真实价值，但被告声称没有能力支付，要求罚款少于30,000美元。依据第1592节，美国国际贸易法院判决美国海关可向被告追偿400,000美元的民事罚款，外加自判决之日起的利息。

[①] 案例来源：Lexis® 全球法律信息数据库，http://advance.lexis.com/?identityprofileid= XQD5QJ54435。查询时间：2023年9月16日。

二、相关规定

（一）《美国法典》第19条第1621节（诉讼时效）

被告曾以违法事项超出诉讼时效为由，提出海关不应将所有64项进口货物价值计入，但法官驳回该项理由，指出案件适用持续违反原则，诉讼时效并不从第一次违反之日起算，且欺诈索赔的时效从发现之日起算。根据《美国法典》第19卷第1621节，对第1592节第d款、第1593a节第d款追讨关税的诉讼或行动，或根据海关法征收任何罚款或没收财产的诉讼或行动，其实时效为违法行为被发现之日起5年内，或有没收情况下，违法行为中的财产被发现之日起2年内，以较晚者为准。若被指控违反第1592节或第1593节第a款，诉讼时效为违法行为发生之日起5年内，若该违法行为由欺诈引起，诉讼时效则是欺诈行为发现之日起5年内，且被处罚或没收的人离开美国或隐瞒、分离财产的时间不应计入5年时效期限。

（二）《美国法典》第19卷第1592节第（a）款第（1）项（禁止行为）

"（A）任何人不得通过疏忽、重大过失或欺诈的方式将任何商品引入美国商业领域，即使通过任何形式的文件或电子数据传输、书面或口头声明、实质虚假陈述或任何实质遗漏，也不得尝试进口或引入商品。如果违反上述规定，可能会导致美国被剥夺全部或部分合法税费。（B）任何人不得帮助或教唆其他人违反（A）项。"

（三）《美国法典》第18卷第545节（刑事犯罪与诉讼—向美国走私货物罪）

"有意和故意欺骗美国的任何人，实际或企图走私或秘密将任何本应开具发票的商品带入美国，或制作、通过或企图向海关递交任何虚假、伪造或欺诈的发票或其他文件；或

"任何人欺诈或故意违反法律进口或携带任何商品进入美国，或在明知该等商品是违反法律进口的情况下，在进口后接受、隐藏、购买、出售或以任何方式便利运输、隐藏或出售该等商品——

"应根据本节处以罚款或不超过 20 年监禁,或两者兼施。

"除非被告拥有陪审团满意的证据,否则应被视为足以授权对违反本节的行为进行定罪。

"违反本节规定进入美国的商品或其钱款,应从本节第一段或第二段所述的当事人处收回,交给国家。

"本节中使用的'美国'一词,不包括维尔京群岛、美属萨摩亚、威克岛、中途岛、金曼礁、约翰斯顿岛或关岛。"

三、分析

法院以往裁决中,提炼出与实施民事处罚相关的 14 个因素。这些因素包括:被告为遵守法规所做的善意努力;被告的罪责程度;被告以前的违规历史;确保遵守相关法规的公共利益的性质;有争议的违规行为的性质和情况;违法行为的严重性;被告的支付能力;惩罚的规模对被告的业务是否合适,以及惩罚对被告继续经营的能力的影响;该处罚不会对法院的良知造成冲击;被告通过违法行为获得的经济利益;对公众的伤害程度;维护机构权威的价值;法规所要保护的一方是否已经得到充分的损害赔偿;司法可能要求的其他事项。

法院考虑到被告缺乏遵守的善意努力、违法行为的持续时间长以及被告违法行为对美国海关的损害程度,认为处罚必须是实质性的。法院可判处的罚款范围从 0 到 686,000 美元不等。在正常情况下,由于被告的性格、犯罪的严重性和先前讨论的公共政策问题对他们造成了如此大的不利影响,这里阐述的推理过程将导致最高刑罚。然而,法院考虑了被告提供的关于他们支付能力的非常有限的证据,法院已将此处判处的刑罚降低到认为足以反映对被告不利因素的严重程度的数字。

5.1.2 进口未申报鲭鱼（英国）[①]

一、案例概述

海关官员审阅某公司进出口业务审价报告时发现，在 2013 年 9 月至 12 月期间，该公司有 6 次没有向英国税务海关总署（HMRC）申报进口挪威鲭鱼，应缴关税为 299,314.49 英镑。

该公司于 2013 年 9 月通知 HMRC 审查小组，它已经提出了进境加工减免（Inward Processing Relief，IPR）的追溯申请，并且已经完成了第三国的鱼的入境。该公司在 2013 年 9 月和 10 月被告知涉案鱼类需要进口申报，进口时必须支付关税。如果进境加工减免获得批准，所支付关税可以在以后退还。进境加工减免要求是满足经济测试，将由英国环境、食品及农村事务部（Department for Environment, Food & Rural Affairs，DEFRA）决定。

2014 年 3 月，该公司进境加工减免申请被拒绝。海关官员认为，该公司充分意识到其法律义务，而且由于没有申报进口鱼的 6 次入境，逃避了 299,313.49 英镑的关税，为此可能会面临民事处罚。

2014 年 4 月，海关官员建议基于对方充分配合可以减轻处罚。该公司经理回答说，由于该公司预测将被授予 IPR，因此没有进行海关进口申报。海关官员表示，进境加工减免制度会暂免征收关税，但仍要求对进口货物进行申报。其后，该公司的海关业务员解释说其曾学习如何编制进口加工电子表格，海关官员认为该公司已知悉有关进口货物必须申报的规定，完全知道会产生关税，商品对应的正确税号并不适用零税率。据此，海关认为逃税罚款将达到评估关税的 100%，但可减轻 80%——该公司提前如实解释可减轻 40%，在 2014 年 4 月会议上充分合作和披露减轻 40%，因此对其征

[①] 案例来源：Westlaw Classic 法律在线服务平台，https://legal.thomsonreuters.com/en/westlaw。查询时间：2023 年 2 月 4 日。

收评估关税20%的净罚款，即59,862英镑。2014年10月发出正式处罚通知书。

二、相关规定

（一）英国海关和消费税管理法第4部分第35节（进境申报）

英国海关和消费税管理法第4部分第35节是与进境申报相关的规定，每个车辆应按指示格式和方式进行申报，载明详细情况；每艘抵达或预计抵达港口的船舶，即来自英国以外的任何地方或携带任何从英国以外某地带来的货物且尚未向海关申报的；抵达或预计抵达英国任何地方的每一架飞机，即来自英国以外的任何地方或地区，或携带英国以外的地方登机的乘客或货物，这些乘客或货物的目的地是英国境内，或是英国以外的，都应按规定进行申报。应申报而未申报的，可被处以惩罚，任何被要求申报而未正式申报的货物，可由官员扣留，直到其申报或进行解释，在此期间，货物可存放在海关仓库。

（二）英国财政法（2003）第25节（对逃税的处罚）

英国财政法（2003）第25节规定，任何从事旨在逃税的行为以及其行为涉及不诚实，应受到相当于逃税或试图逃税金额的处罚。任何人"逃避"任何相关税收或关税，包括其在无权获得的情况：任何有关税项的任何退还、回扣或退税；任何有关税项的任何宽免、豁免或免税额；该人缴付任何有关税项的法律责任或该法律责任的任何延付或其他延期，或该人借缴付任何该等法律责任而获得解除的任何延付或其他延期，也包括他逃避取消任何此类还款、回扣、退税、救济、豁免或津贴的权利或撤回。

（三）英国财政法（2003）第29节（对第25节或第26节犯罪减轻处罚）

英国财政法（2003）第29节规定，任何人可用于支付任何相关税款或关税的资金不足，或罚款的数额不足。在有关案件中，或在该案件与任何其他案件中，没有重大损失或没有任何与税款或关税相关的事实。应受处罚的人或代表其行事的人是真诚地行事的。

5.1.3　携带未申报烟草进境（英国）①

一、案例概述

2013年1月，A从伊朗德黑兰经卡塔尔多哈抵达曼彻斯特机场3号航站楼，在进入绿色无须申报通道时，被英国边境部门官员拦截并询问。

对于回国的旅客来说，有200支香烟的免税额度。在被搜查时，A的行李被发现有7,500支Balmain过滤嘴香烟（"货物"）。这一数量是个人200支限额的37倍多。

有证据表明，A在过去12个月内曾去伊朗旅行。由于这些货物没有申报，并超过规定的免税限额，边境管理机构扣押了这些货物，并发出公告，A在两份公告上签字。2013年8月，HMRC书面通知A，将对其逃避关税和消费税的行为进行民事逃税处罚，并要求A参与调查合作，告知其可采取什么行动来减少可能的处罚。随后，A答复其不知道进口香烟的限制，而且这些香烟是个人使用，是在英国没有的品牌。2014年4月，HMRC向A分别处以消费税和关税及进口增值税的民事逃税罚款，并因披露减少30%和因合作减少30%罚款，也考虑到了200支香烟的个人免税额度。

二、相关规定

（一）英国财政法（2003）第25节（对逃税的处罚）

英国财政法（2003）第25节规定，任何逃税且有不诚实行为的，应受到相当于逃税或试图逃税金额的处罚。

（二）英国海关和消费税管理法第139节（关于扣留、扣押和没收货物的规定）

英国海关和消费税管理法第139节规定，任何进口货物在进口时应征收关税或消费税，没有支付税款的货物应被没收。没收的物品可由官员或警员或英

---

① 案例来源：Westlaw Classic法律在线服务平台，https://legal.thomsonreuters.com/en/westlaw。查询时间：2023年2月5日。

国武装部队或海岸警卫队的成员扣押或扣留，若被海关以外的人员没收或扣留，则应将该物品送至最近的海关办公室或最近的海关办事处，向海关官员发出扣押或扣留书面通知，并附上扣押或扣留物品的全部详情。

（三）英国海关和消费税管理法第 7 部分第 78 节（对进出英国人员的海关和消费税监管）

英国海关和消费税管理法第 7 部分第 78 节规定，任何人未按规定申报任何物品或出示任何行李或物品，可处以未申报物品或未出示行李或物品价值的 3 倍或标准等级 3 级的处罚，以较高者为准。

（四）HMRC 公告 300：海关对涉嫌逃税的民事调查（对逃避相关税收或关税的处罚）

HMRC 公告 300 规定，若及早如实解释拖欠的原因和拖欠的真实程度，可最高获减轻的 40% 罚款；若充分接受和履行程序规定的责任，例如，及时提供资料，提供所涉数额的详细情况，出席会议和回答问题，可最高获减轻的 40% 罚款。因此，多数情况下，可获得的最高减免是可征收罚款的进口关税价值的 80%。但若已进行全面且无任何提示的自愿披露，有可能获得进一步减轻。

5.1.4 改装汽车夹藏运送未申报香烟（新加坡）[①]

一、案例概述

Y 于 2013 年 10 月 25 日因通过兀兰检查站向新加坡走私 161.40 公斤的香烟而被逮捕，当时他已经 72 岁。他认可了根据新加坡海关法第 128F 条规定的两项指控：第一项指控是逃避香烟的消费税，第二项指控是没有支付香烟的商品和服务税（GST）。

他向调查人员承认，一个叫"阿旺"的人要求他将香烟走私到新加坡。

---

① 案例来源：新加坡海关官网媒体发布，https://www.customs.gov.sg/news-andmedia/media-releases/。查询时间：2022 年 12 月 4 日。

作为回报,他将收取 2,000 马币。"阿旺"向他提供了一辆在马来西亚注册的汽车,车上的香烟被藏在多个改装过的隔层里。他被指控如下:

　　Y 于 2013 年 10 月 25 日下午 3 点 40 分左右,在新加坡兀兰检查站 100% 检查站的入境车内,涉及进口未报关的货物,即 485 箱 ×200 支、50 箱 ×160 支和 2,420 包 ×20 支各种品牌的未缴税香烟,共重 161.40 公斤,价值 76,147.80 美元,从新山(马来西亚西)进入新加坡,未缴纳消费税 56,812.80 美元,未缴纳商品和服务税 5,330.35 美元,因此犯下了新加坡海关法第 128F 条规定的罪行,可根据该法第 128L(4)条予以处罚。

　　2013 年 10 月 28 日,Y 对这些指控表示认罪,并于当天被判刑。指控指出,Y 逃避了 56,812.80 美元的消费税和 5,330.35 美元的商品和服务税。因此,地区法官指出,消费税指控的罚款(如果他有意判处的话)将在 852,192 美元至 1,136,256 美元之间,商品和服务税指控的罚款将在 79,955.19 美元至 106,606.92 美元之间,这分别是所逃关税或税收的 15 至 20 倍的金额。由于上诉人无力支付这些款项,地区法官选择就消费税指控判处他 24 个月的监禁,就商品和服务税指控判处 5 个月的监禁,两者同时进行。地区法官之所以判处这些监禁,是因为他认为这些刑罚是在罪犯无力支付这些罚款的情况下所判处的刑罚范围内(尽管是较高的刑罚),这一点是由国家法院其他法官对此类罪行的做法和先例所确定的。但 Y 提出上诉,理由是判决明显过重。最终法院决定允许上诉,并将总的监禁期减少到 15 个月。

二、相关规定

(一)新加坡海关法第 128F 条(与进口非关税或禁止货物有关的罪行)

　　新加坡海关法第 128F 条规定,任何人以任何方式参与进口任何未税或禁止的货物,都是犯罪行为。

(二)新加坡海关法第 128L 条(对各种罪行的处罚)

　　"(4)任何涉及全部或部分由相关烟草制品组成的货物的特定罪行的人,

如果这些烟草制品的重量超过2公斤，一旦被定罪，可处以——

"（a）罚款——

"（i）不少于因犯罪而逃避缴纳的关税、消费税或税款金额的15倍，但最低为1,000美元；及

"（ii）不超过将被逃避的关税、消费税或税款金额的20倍，或10,000美元，以金额较大者为准；或

"（b）不超过3年的监禁，

"或两者并罚。"

5.1.5 卸载未申报香烟（新加坡）①

一、案例概述

2015年7月28日，A、B在新加坡某地从一辆新加坡注册的卡车上卸下未报关的货物——2,400箱×200支未缴税的香烟，重达480公斤，未支付186,240.00美元的消费税。二人均知道货物为未交税的香烟，被"小李"所雇用。他们每运送一车香烟，都可得到200美元的报酬。

二人犯下了新加坡海关法第128H条的罪行，可根据该法第128L（4）条予以处罚，于2015年10月7日在地区法官面前对以下指控表示认罪：

在被告人A认罪的情况下，地区法官判处其15个月的监禁。但是，考虑了本案的所有情况后，地区法官的判刑明显不足。因此允许检方上诉，并命令将被告人的刑期提高到24个月监禁。

被告人B被相应定罪。在减刑时，表示悔恨，并解释说他需要钱来赡养他年迈的父母。他被判处24个月监禁。

---

① 案例来源：新加坡海关官网媒体发布，https://www.customs.gov.sg/news-and-media/media-releases/。查询时间：2023年2月1日。

二、相关规定

（一）新加坡海关法第 128H 条（与运送、卸货、装载、卸载等未税或禁止货物有关的罪行）

新加坡海关法第 128H 条规定，任何人实施或协助、参与运送、卸货、装载、卸载、登陆或交付任何未税或禁止的货物，无论是否实际执行，均属犯罪。

（二）新加坡海关法第 128L 条（对各种罪行的处罚）

"（4）任何涉及全部或部分由相关烟草制品组成的货物的特定罪行的人，如果这些烟草制品的重量超过 2 公斤，一旦被定罪，可处以——

"（a）罚款——

"（i）不少于因犯罪而逃避缴纳的关税、消费税或税款金额的 15 倍，但最低为 1,000 美元；及

"（ii）不超过将被逃避的关税、消费税或税款金额的 20 倍，或 10,000 美元，以金额较大者为准；或

"（b）不超过 3 年的监禁，

"或两者并罚。"

三、量刑参考

第一案所规定的量刑标准如表 1 所示。

表 1　最初的基准

烟草制品的数量（kg）	量刑范围（月）
2~50	3~6
51~100	6~12
101~200	12~18
201~300	18~24
301~400	24~30
> 400	30~36

第二案在第一案的基础上依据年龄而减刑的标准如表 2 所示。

表 2　不同年龄可适用的减刑

罪犯年龄（犯罪时）	减刑基准
21	0%
20	5%
19	15%
18	25%
17	35%
16	45%

5.1.6　水客携带移山参入境（韩国）[①]

一、案例概述

A 居住在甲市，通过在束草来往甲市的贸易商走私外国产移山参，用快递接收走私移山参并保管，并转交给国内购买者。

2002 年 4 月，A 于束草国际客运站，指挥来往于甲市等的贸易商，将市价 920 万韩元的红景天伪装成携带品进行通关。2001 年 2 月—2002 年 6 月，A 用同样的方法进口了 9,398 根长脑参等 7 种货物，市价 199,928,460 韩元。2002 年 9 月—2003 年 2 月，A 用同样的方法走私了 9,529 根外国产移山参等 3 种货物，市价 160,673,000 韩元。

2001 年 9 月—2002 年 7 月，B 共接收了 9,373 根移山参和红参等 8 种货物，市价 199,164,660 韩元。其中通过快递方式，分 2,973 次销售货物，市价 166,914,660 韩元。还在房间和阳台储存了 500 根移山参等 3 种同样货物，市价 32,250,000 韩元。2002 年 9 月—2003 年 2 月，除 9,529 根外国产移山参以外，B 通过上述方法获得相当于市价 160,673,000 韩元的 3 种货物，并以销售为目的取得。

---

① 案例来源：Case Note 判例搜索服务平台，https://casenote.kr/。查询时间：2023 年 5 月 4 日。

除此之外，A、B合谋在未向管辖市、道知事申报情况下，通过邮件、电信或利用网络销售货物。2003年1月，A在自己运营的网站上接到订单后，与B合谋，以不向管辖市、道知事申报的方式，销售938株移山参。2002年9月—2003年2月，A、B共销售移山参4,514根，市价76,650,000韩元。

对A处有期徒刑1年及罚款10,000,000韩元，对B处有期徒刑10个月及罚款5,000,000韩元。若不缴纳上述罚款，则将每40,000韩元折合为一日的劳役时间，将被告人拘留在劳役场。从该判决确定之日起2年内，对二人缓期执行上述有期徒刑。从A处追缴未缴关税307,067,660韩元，从B处追缴未缴关税140,153,000韩元。

二、相关规定

（一）韩国关税法第269条（走私行为）

第2款："下列每个人应被处以不超过5年的有期徒刑，或被处以不超过关税金额10倍或相关货物主要成本的罚款，以较高者为准。

"1. 未按第241条第1款和第2款或第244条第1款规定提交进口申报而进口货物者。但此规定不适用于根据第253条第1款提交装运申报的人。

"2. 进口货物与根据第241条第1款和第2款或第244条第1款提交进口申报的货物不同的人。"

第3款："下列每个人都应被处以不超过3年的有期徒刑，或被处以相当于相关货物主要成本的罚款。

"1. 未按第241条第1款和第2款的规定提交申报而出口或退回货物的人。

"2. 出口或退货的货物与根据第241条第1款和第2款提交的申报不同者。"

（二）韩国关税法第241条（关于出口、进口和退货的申报）

"①任何打算出口、进口或退货的人，应向海关负责人申报相关货物的名称、标准、数量和价格，以及总统令规定的其他事项。"

（三）韩国关税法第 274 条（获取走私货物的罪行等）

"①获取、转让、运输、保管、介绍销赃或鉴定以下任何货物的人，应处以不超过 3 年的劳役监禁，或处以不超过相关货物主要成本的罚款。

"1.属于第 269 条的货物。

"2.属于第 270 条第 1 款第 3 项、第 2 款和第 3 款的货物。

"②企图实施第 1 款所述犯罪行为的人应按主要犯罪行为进行处罚。

"③对准备实施第 1 款所述任何罪行的人，应减轻一半进行处罚。"

5.2 过境走私

5.2.1 过境走私香烟（欧盟—荷兰）[①]

一、案例概述

1993 年 7 月—9 月，海关代理人 D 公司为 7 批未缴纳关税的非共同体香烟起草了 T1 文件，即用于外部过境程序的申报单，详细说明了托运情况，并证明完成了程序的各个阶段，表示这些非共同体货物将从荷兰的海关仓库发往安特卫普（比利时城市），自安特卫普出口到一些非成员国。事实上，这些香烟从未到达安特卫普海关，而是在没有支付关税的情况下在荷兰境内消费。1993 年 7 月底，海关当局意识到，当事人正在组织一次共同体的香烟过境，其中可能涉及海关税收的违规行为。调查显示，安特卫普海关的印章被一名比利时海关官员借欺诈手段加盖在 T1 文件上，表明目的地海关已正式收到货物。

税务调查部门获得了关于欺诈性香烟运输的信息，并在 1993 年 9 月发出搜查令，发现 5,000,000 多支未完税香烟，通过对嫌疑人进行审讯，进一步缴获大量香烟。1993 年 11 月，调查报告显示附在 T1 表格第 5 页

[①] 案例来源：Eur-Lex 欧盟法律法规数据库，https://eur-lex.europa.eu/legal-content/en/TXT/?uri=CELEX:61998CJ0061。查询时间：2022 年 9 月 11 日。

上的凭证被欺诈地盖章并退还给 D 公司。根据伪造的印章，出发地海关认为前两份 T1 文件已经放行，过境程序已经完成，而其余 5 份 T1 文件的副本未归还给海关办公室。调查报告进一步显示，在起草报告时，D 公司参与欺诈的员工已经接受了审问，并提供了欺诈信息，公司的 E 先生作为证人接受了问询。

1994 年 7 月，海关当局向 D 公司发出通知，要求其支付荷兰市场上以欺诈方式出售香烟的关税 2,463,318 荷兰盾，后以香烟的零售价值被高估为由，将该金额减少到了 888,287.40 荷兰盾。

1994 年 10 月，D 公司向荷兰关税委员会提起诉讼，质疑该决定。它声称，由于其行为是善意的，而且调查人员最迟在 1993 年 7 月底就知道了欺诈的准备工作，海关当局至少在第一批货物被盗用后就应该通知它这种情况，以便它可以采取措施来避免欺诈。

1995 年 5 月，D 公司向海关当局提起申请，要求根据海关法第 239 条获得减免进口税。1998 年 2 月，荷兰关税委员会决定减免进口税不合理，理由是：D 公司负责海关程序的适当进行，可能的欺诈行为是一种正常的商业风险；尽管 D 公司本身并未参与欺诈，但其负责的员工却参与了欺诈；比利时海关官员的参与并未确定；上述事实及税务部门为完成调查而向 D 公司隐瞒其信息的事实均不构成免除进口税的特殊情况。

荷兰海关当局无法就减免关税作出决定，荷兰关税委员会将未决诉讼提交欧盟法院，后者判决 1998 年 2 月的决定无效，即 D 公司向海关当局申请减免进口税是合理的。因为共同体法律并未对与外部过境安排相关的欺诈行为发生地的海关当局规定任何义务，即警告委托人其可能因欺诈行为而承担关税责任，即使其行为是善意的；在责任人没有任何欺骗或疏忽的情况下，如果该人没有被告知正在进行调查，则国家当局的调查要求可以构成规定的特殊情况。国家当局为进行调查故意允许违规犯罪行为发生，从而导致委托人承担海关债务，与从事相同业务的其他经营者相比，委托人处于特殊情况。

二、相关规定

（一）欧共体理事会关于清关后关税追缴的第1697/79号条例第5条（海关债务支付的例外情况）以及欧共体理事会关于偿还或减免进出口关税的第1430/79号条例第13条（偿还或减免关税的特殊情况）

第1697/79号条例第5条第2款规定了海关债务支付的第一类例外情况：如果关税债务是由于主管当局本身的错误造成的，而责任人又不能合理地发现这些错误，且责任人在报关时是真诚地行事并遵守现行规则规定的所有条款，在该种情形下，主管当局可以不采取清关后追缴进口税或出口税的行动。第1430/79号条例第13条规定了支付进出口关税的第二类例外情况：若存在特殊情况，且这种情况不能归咎于有关人员的疏忽或欺骗，进口关税可以被偿还或减免。

（二）法律分析

根据共同体法律，海关债务支付有两类例外情况。

一是未能征收关税必须是主管当局自身错误的结果；主管当局所犯的错误必须是，尽管责任人具备专业经验，但其善意行为不能合理发现错误；责任人必须遵守现行法律中关于海关申报的所有规定。本案中，海关当局为了查明和逮捕实施或计划实施欺诈的人或这些人的同谋而进行调查的要求，可能有理由故意不向委托人充分或完全告知调查情况，即使委托人与实施欺诈没有任何牵连。因此，海关当局故意不告知委托人可能存在的欺诈行为，而委托人并未受到牵连，在任何情况下，海关当局都不能将其归类为错误，不符合第一类例外情况的要求。

二是不要求主管当局本身有错误，但规定进口关税的偿还或减免须符合两个累积条件，即存在特殊情况以及经营者没有欺骗或明显疏忽。此类特殊情况包括盗窃、无法在运输工具上开包操作、为消除缺陷而退回货物以及禁止销售进口货物的法院命令等。但法律并没有详尽列举所有特殊情况，所以海关当局应逐案确定。在责任人没有任何欺骗或疏忽的情况下，海关当局或警方进行调查的要求构成所指的特殊情况，且该责任人未被告知正在进行调查。尽管国家当局为了更好地摧毁网络、查明欺诈行为人并获取或巩固证据，故意允许犯罪或违规行为发生，可能是合法的，将因起诉犯罪而造成的海关债务负担强加给责任人，有违法律所规定的公平目标，因为与从事同一业务的其他经营者相比，这使该责任人处于特殊情况。

5.2.2 过境走私肉类食品（欧盟—摩洛哥）[①]

一、案例概述

1995年1月—8月，作为过境负责人的荷兰企业L公司以海关代理人身份为H公司起草14份共同体过境文件，表示其负责的肉类食品从欧盟过境，途经荷兰，自西班牙加蒂斯海关出口后运往摩洛哥，相关的证明文件由H公司提供。事实上，这些肉类并未到达西班牙，而是在没有缴纳关税的情况下在荷兰境内消费。

1995年，荷兰鹿特丹海关调查服务中心（CIS）对本案展开调查。1995年3月，鹿特丹CIS致函西班牙海关当局，询问L公司是否向西班牙海关提交了1995年1月填写的申报单等海关文件。1995年3月，西班牙加蒂斯海关通知荷兰当局，表示L公司提交的申报单上的印章和其他海关文件上的签名是伪造的。1995年8月，荷兰当局突击检查了L公司办公室，拿走了为H公司过境申报有关的文件。调查显示，L公司签发的14份报关单没有完成海关程序，货物被非法地从海关监管中移出。因此，荷兰海关当局认为L公司产生了一笔海关税收债务。

1996年1月—4月，荷兰当局发出了追缴相应进口税的通知。1996年8月，L公司向荷兰海关当局申请减免进口税。2000年3月，荷兰当局向欧盟委员会提出申请，要求减免L公司的进口税。

[①] 案例来源：欧盟法院官网，https://curia.europa.eu/juris/document/document.jsf?docid=5991。查询时间：2023年1月30日。

2000年5—11月，欧盟委员会3次要求荷兰海关补充材料，要求说明对L公司减免进口税数额、荷兰海关与西班牙海关信息交流、L公司在有关行动中发挥的作用以及荷兰海关得出L公司没有明显过失的结论所采用的标准等。荷兰海关明确L公司可减免1995年3月即在西班牙海关首次通知荷兰海关存在违规之后的进口税，但2001年10月，欧盟委员会拒绝了减免进口税申请。L公司申诉后，2001年11月，欧盟委员会提出第4次补充材料要求，即西班牙海关官员是否涉嫌欺诈。2002年10月，欧盟委员会认为L公司存在明显过失，因其是一位经验丰富的贸易商，未对风险采取必要的防范措施。2002年12月，L公司提出上诉。最终，判决免除了L公司在1995年6月或之后进行的海关业务中被认为负有责任的进口关税。

二、相关规定

（一）特殊情况

正如在前面案例5.2.1中法院所指出的，尽管海关或警察当局行使其调查权力是合法的，但在责任人没有任何欺骗或疏忽的情况下，如果该人没有被告知正在进行调查，则这些当局对调查的要求构成特殊情况。从根据案件情况确定的特定时间起，欺诈行为的受害人委托人未被告知欺诈行为，这是一种使委托人处于特殊情况的因素。将因国家当局未能提醒确认为善意经营人存在影响其的欺诈行为或其拖延而产生的海关债务的负担交给善意经营人，这将有损于公平条款的目标，责任人会因此发现自己与从事相同业务的其他经营者相比处于特殊情况。因此，要求经营者承担其通常不会发生的损失是不公平的。

在这种情况下，有必要确定荷兰当局可以在何时或之后通知进口税减免申请人（简称申请人）有关违规行为。关于案情，荷兰当局各单位在3次独立调查中发现了影响申请人声明的欺诈行为：一是1995年3月20日和23日，鹿特丹CIS在对被告负责的小牛甜面包进行调查时发现了第一次违规行为；二是1995年6月29日由克尔克莱德海关在进行样本控制时发现;三是1995年7月10日,海关发现在两份海关申报单中,标有"目的地管制"的方框没有填写。最后两项违规行为还涉及除小牛甜面包以外的肉类产品,即牛肉和家禽。还应指出,直到1995年7月24日,荷兰鹿特丹税务部门才建立起这3起案件的联系。因此,必须得出的结论是,在这种情况下,荷兰海关当局没有出于查明和逮捕欺诈行为的肇事者或其同谋的目的,故意允许犯罪。

荷兰鹿特丹税务部门于1995年4月18日或之后开始对欺诈行为进行调查。然而,它于1995年8月9日才通知申请人这一违规行为。鉴于上述情况,必须认为,尽管荷兰当局在调查过程中没有疏忽,但由于该调查的要求,在他们提醒申请人有关欺诈行为之前,已经过了一段时间,这一事实使申请人处于与所涉共同体过境业务相关的海关债务的一部分相关的特殊情况。

如果荷兰海关当局在自1995年4月18日起的合理期限内将申报中的违规行为告知申请人,那么在有关货物被欺诈转移后,海关当局本可以采取必要措施,以避免对1995年6月12日及之后的货物产生的海关债务承担责任。因此,法院认为,就申请人于1995年6月12日及之后完成的申报所产生的海关债务而言,本案符合出现特殊情况的条件。

(二)申请人没有欺骗和明显的疏忽

为了确定是否存在海关法第239条和实施条例第905条所指的明显疏忽,必须特别考虑导致海关债务发生的不遵守规定的复杂性,以及贸易商的相关经验和谨慎程度。

在确定委托人是否以明显疏忽的方式行事时,欧盟委员会指控作为海关转运代理人,申请人是一位经验丰富的经济经营者,有义务了解其业务所固有的商业风险、有关过境业务的规则明确规定了委托人的职责及其随后的责任。因此,申报人本应作出一切必要安排,防范商业风险。因此,委员会辩称申报人监督各方行为、没有购买适当保险,构成疏忽。

关于第一项申诉,指称申请人没有监督其他相关方,委员会没有提供任何进一步的细节,法院认为该申诉没有得到证实。

关于第二项申诉，指称申请人没有投保适当的保险。法院指出，是否购买了适当的保险，决定了谁将对海关债务和有关业务造成的损失负责，即海关代理人或其保险人。申请人无法求助于保险公司并收回其应承担的海关债务金额，因此必须自己承担债务负担，这一事实既不影响基于公平理由享有减免债务权利的条件，也不影响委员会在满足这些条件的情况下允许减免债务的义务。因此，未投保的事实并不构成疏忽。

此外，海关法第 239 条和实施条例第 905 条规定表明，交易员所称的疏忽与特殊情况之间必须存在联系。在没有这种联系的情况下，拒绝减免或还款申请是不公平的。

基于以上条款，免除申请人的进口关税。

5.3 过境虚假保税

香烟、服装虚假过境（美国）[①]

一、案例概述

> A 经营一家持牌报关行 G 公司。G 报关行经合法授权代表客户，如外国的制造商、进口商和托运人，开展与海关有关的业务，职责包括对客户的货物进行分类、协助货物装运以及确保所有适用的进口税或"关税"已支付。A 还经营一家国际贸易咨询公司（I 公司）及物流有限公司（T 公司）。P 公司负责为美国、中国和墨西哥账户之间的国际电汇提供便利。B 是居住在洛杉矶和中国香港的商人，拥有和控制一家位于加利福尼亚州洛杉矶的服装销售公司（M 公司）。
>
> 货物抵达美国之前，G 报关行会向美国 CBP 提交虚假电子信息，表明货物不会留在美国，而是通过美国领土以保税方式转运到墨西哥等国

---

① 案例来源：Westlaw Classic 法律在线服务平台，https://legal.thomsonreuters.com/en/westlaw。查询时间：2023 年 1 月 15 日。

家，因此过境转运期间不需要支付关税。事实上，货物抵达美国后，被告会指示商业卡车司机将货物送到美国仓库，在美国出售，而不支付适用的美国关税。当 CBP 官员要求他们提供海关文件时，被告会提供一份虚假清单，表明货物的最终目的地是墨西哥，在清单上列出一个根本不存在的企业，作为墨西哥收货方。除了显示虚假目的地外，被告还在舱单上伪造穿孔标记，制造 CBP 官员认为这批货物正在从美国运往墨西哥的假象。此外，被告还会低估清单上货物的数量和价值。2007—2012年，G 报关行经营者 A 对超过 1 亿美元的香烟、服装等外国商品实施欺诈性进口，逃避了至少 1,800 万美元的进口税，且通过国际电汇将资金自美国境内转移至境外。A 被判处 37 个月监禁，I 公司被判处 5 年察看期。

二、相关依据

《美国法典》第 18 卷第 371 节（共谋犯罪或欺诈国家）、第 542 节（以虚假声明方式进境货物）、第 1519 节（妨碍司法）、第 1956 节（利用洗钱密谋犯罪）

任何人通过虚假或欺诈性的发票、声明、宣誓书、信件、文件，或通过书面或口头的虚假陈述，或通过虚假或欺诈性的做法或设备，进入、引入或试图进入、引入美国商业的任何进口商品；或在没有合理理由相信其真实性的情况下，在任何声明中做出任何虚假陈述；或在没有合理理由相信其真实性的情况下，促使对任何重要事项做出任何此类虚假陈述，无论美国是否应当或可能被剥夺任何合法的关税；或犯有任何故意的行为或不作为（疏忽），或受该行为或不作为（疏忽）的影响，使美国将可能被剥夺该发票、声明、宣誓书、信件、文件或声明中所包含或提及的商品所产生的任何合法关税。应就本条下的每项罪行处以罚款或不超过两年的监禁，或两者并罚。本条款不得根据其他法律规定解释为免除没收进口商品的义务。

5.4 违禁品走私

5.4.1 走私抹香鲸牙齿入境（美国）[①]

一、案例概述

《濒危野生动植物种国际贸易公约》于1975年7月1日正式生效，该公约对涉及濒危野生动植物的国际贸易进行管制，以实现对野生动植物资源的可持续利用。乌克兰和美国都是该公约的缔约方，对附录物种的贸易加以严格管理，抹香鲸是附录物种之一，在商业活动中受到保护。

C通过加利福尼亚州的中间商，从乌克兰商人A手中多次购置大量抹香鲸牙齿，并通过走私进入美国，用于牙雕贸易。2005年，警方从被告家中及其企业中查获大量抹香鲸牙齿。审判证据显示，C和他人的多封邮件涉及两者买卖抹香鲸牙齿的谈判，还讨论了将抹香鲸牙齿运出乌克兰的方法，其中包括贿赂乌克兰官员。此外，C在接受警方调查时作出多项虚假陈述，包括谎称鲸牙来自加利福尼亚州而非乌克兰，以及后来警方搜查时谎称家中没有有多余的鲸牙，而警方在地下室搜到了鲸牙。

2011年8月1日，美国马萨诸塞联邦地方法院判处C多项罪行，包括刑事犯罪与诉讼第371节共谋犯罪或欺诈国家罪，刑事犯罪与诉讼第545节走私物品入境罪、刑事犯罪与诉讼第1001节虚假陈述罪。被告人C被判1个月监禁外加2年缓刑，而这2年缓刑的前半年必须居家监禁并佩戴电子脚镣。除此之外，C还需支付罚款5万美元。

[①] 案例来源：美国移民及海关执法局官网媒体发布，https://www.ice.gov/news/releases/ivory-smuggler-nantucket-sentenced-jail。查询时间：2023年5月6日。

二、相关规定

（一）《美国法典》第18卷第371节（刑事犯罪与诉讼—共谋犯罪或欺诈国家罪）

如果两个或两个以上的人密谋对美国进行任何犯罪，或以任何方式或为任何目的欺骗美国或其任何机构，并且其中一个或多个人做出任何行为以实现密谋的目标，每个人都应根据本标题被罚款或被监禁不超过5年，或两者并罚。

但是，如果作为阴谋目标的犯罪行为只是一种轻罪，那么对这种阴谋的惩罚不应超过对这种轻罪规定的最高惩罚。

（二）《美国法典》第18卷第545节（刑事犯罪与诉讼—向美国走私货物罪）

"有意和故意欺骗美国的任何人，实际或企图走私或秘密将任何本应开具发票的商品带入美国，或制作、通过或企图向海关递交任何虚假、伪造或欺诈的发票或其他文件；或

"任何人欺诈或故意违反法律进口或携带任何商品进入美国，或在明知该等商品是违反法律进口的情况下，在进口后接受、隐藏、购买、出售或以任何方式便利运输、隐藏或出售该等商品——

"应根据本节处以罚款或不超过20年监禁，或两者兼施。

"除非被告拥有陪审团满意的证据，否则应被视为足以授权对违反本节的行为进行定罪。

"违反本节规定进入美国的商品或其钱款，应从本节第一段或第二段所述的当事人处收回，交给国家。

"本节中使用的'美国'一词，不包括维尔京群岛、美属萨摩亚、威克岛、中途岛、金曼礁、约翰斯顿岛或关岛。"

（三）《美国法典》第18卷第1001节（刑事犯罪与诉讼—对联邦政府机构虚假陈述罪）

"（a）除本节另有规定外，任何人在美国政府行政、立法或司法部门管辖

范围内的任何事项中，明知故犯地——

"（1）伪造、隐瞒或以任何诡计、计划或手段掩盖重要事实。

"（2）做出任何重大的虚假、虚构或欺诈性的陈述或表述；或

"（3）制作或使用任何虚假的书面材料或文件，明知其含有任何重大的虚假、虚构或欺诈性的陈述或条目。

"应根据本节处以罚款，并处以不超过 5 年的监禁，如果该罪行涉及国际或国内恐怖主义（如第 2331 条所定义），则处以不超过 8 年的监禁，或两者兼施。如果此事与第 109A 章、第 109B 章、第 110 章、第 117 章，或第 1591 条规定的罪行有关，那么根据本节规定的监禁期限应不超过 8 年。

"（b）（a）款不适用于司法程序中的一方或该方的律师在该程序中向法官或裁判官提交的声明、陈述、著作或文件。"

5.4.2　走私濒危野生乌龟出境（美国）[①]

一、案例概述

> 被告人 X 在 2014 年从底特律周边地区捕捉大量乌龟并将它们带出美国售卖。该被告人前后采取 3 种方式将乌龟运出美国。第一种方式是将乌龟藏在雪地靴里直接运往 M 国，第二种方式是将共计 51 只海龟绑在大腿、腹部，用衣物掩盖来逃避海关检查，第三种方式是将 1,000 多只乌龟装进靴子和麦片盒后再装入行李箱，由被告及其委托人带上飞机，直接飞往 M 国，正是这次事发导致了 X 被捕。被告人走私的乌龟涉及多个品种，其中有不少都是美国的濒危野生动物。
>
> 2016 年 4 月 13 日，被告人以刑事犯罪与诉讼第 554 节走私物品出境罪被判入狱 57 个月，并支付国家照顾乌龟赔偿金 17,000 美元。

---

① 案例来源：美国司法部官网媒体发布，https://www.justice.gov/usao-edmi/pr/canadian-citizen-sentenced-charges-smuggling-turtles-united-states。查询时间：2023 年 5 月 8 日。

二、相关规定

《美国法典》第 18 卷第 554 节（刑事犯罪与诉讼—走私物品出境罪）

根据刑事犯罪与诉讼第 554 节走私物品出境罪，任何人在违反美国任何法律或法规的情况下，欺诈性地或明知故犯地从美国出口或发送，或试图从美国出口或发送任何商品、物品或物体，或在出口前接收、隐瞒、购买、销售或以任何方式协助运输、隐瞒或销售此类商品、物品或物体，明知其将违反美国任何法律或法规进行出口，应根据本节被罚款，监禁不超过 10 年，或同时被处以罚款。

三、分析

美国对贸易瞒骗逃避关税的行为判处入狱的情况并不多见，单纯的逃避关税甚至很难找到判刑的案例。基本上都要在涉及反倾销税并且数额巨大的时候，才会对被告人实施刑事处罚。这种情况下被告人一般都会被以刑事犯罪与诉讼第 545 节走私物品进入美国罪被起诉，有时候还会加上第 371 条共谋犯罪或欺诈国家和第 1001 节虚假陈述罪。

不过即便被告人会因为多项罪名被定罪，不同罪名产生的刑期法院可以规定"同时执行"。例如，若被告人因为一项罪被判 1 年，另一项罪被判 2 年，那在"同时执行"的情况下被告人只需要服刑 2 年，而"连续执行"的情况下被告人需要服刑 3 年。

有些时候在认罪协定中第 545 节的罪名还有可能会被撤销，转而用刑期最多只有 2 年的第 542 节"以虚假声明方式进境货物"来定罪。不过即便第 542 节最高刑期只有 2 年，同一项罪名也可以在同一被告人身上反复使用，比如说案例 4.1.1 中被告人就是被指控 3 项行为触犯第 542 节，被判了 3 年。

虽然从理论上说第 545 节的最高刑期是 20 年，而法院甚至可以在这个基础上将一些罪名叠加起来无限延长被告人的刑期，但实际操作中和走私相关的事情刑期超过 5 年都属实罕见。即便是在走私违禁品方面，除非涉及枪支、毒品或者人口贩卖，不然刑期也很少会超过5年的。

至于巨额罚款也是美国在这方面的一个手段，不过因为美国宪法修正案明确规定"过多的罚款"是不允许的，因此不少被告人都会以违宪为由对巨额罚款提起上诉，成功的例子也有不少。

6

我国涉税贸易瞒骗案例与相关规定

6.1 贸易瞒骗相关案例[①]

贸易瞒骗，是与海上或非设关地偷运等走私行为明显不同的违法行为。2001年中国加入WTO以后，以价格瞒骗为主的贸易瞒骗成为突出问题之一。贸易瞒骗主要表现为：采取各种手法伪造虚假贸易单证，以低报价格、少报数量、伪报规格、伪报原产地和伪报贸易方式等进行贸易瞒骗，以达到逃避海关监管、偷逃应纳税额的目的。

6.1.1 低报进口汽车音响价格

一、案例概述

2018年4月，江某注册成立了一家汽车音响店，从事销售和改装汽车音响的业务。自2019年10月，江某通过eBay平台联系境外供货商，之后再通过电子邮箱或者其他社交媒体，把需要的汽车音响的型号、数量发给对方，对方报价给江某，江某同意后，使用其妻子的PayPal账号支付货款，或用手机银行转账给报关公司的人，由报关公司的人支付货款。之后，江某联系快递公司上门去境外供货商那里取货，由快递公司把货发到深圳机场，货到深圳机场后，江某就联系深圳、东莞的清关公司清关，清关后，快递公司把货送至其店里。

2019年8月—2021年3月，江某向境外卖家订购汽车音响后，要求卖家将汽车音响的发票价格调低后随货发出，并要求货代公司按照货物随附发票向海关申报并办理清关手续。经海关关税部门计核，江某以上述低报价格的方法走私进口汽车音响共计31票，涉嫌偷逃税款共计人民币176,784.37元。案发后，侦查机关从被告人江某处缴获走私进口音响98

[①] 来源：威科先行·法律信息库裁判文书。

个。江某归案后如实供述其罪行，自愿认罪认罚，已退缴偷逃的全部税款及预缴罚款。

判决结果：

（一）江某犯走私普通货物罪，判处有期徒刑1年，缓刑1年，并处罚款人民币18万元。

（二）对于本案扣押的江某退缴的违法所得人民币18万元，依法予以没收176,784.37元抵缴应缴税款，由扣押机关上缴国库。

（三）其余扣押的手机1部、音响98个，依法予以没收，由扣押机关依法变卖后所得价款上缴国库。

二、相关规定

（一）《中华人民共和国刑法》（简称《刑法》）第一百五十三条第一款第（一）项、第三款，第六十七条第三款，第七十二条第一款、第三款，第七十三条第二款、第三款，第五十二条，第五十三条，第六十四条。

（二）《中华人民共和国刑事诉讼法》（简称《刑事诉讼法》）第十五条、第二百零一条。

（三）《最高人民法院、最高人民检察院关于办理走私刑事案件适用法律若干问题的解释》第十六条第一款。

6.1.2 低报进口二极管、泵产品价格

一、案例概述

2017—2020年，甲公司、乙公司、丙公司直接负责的主管人员孙某在代理境内客户进口二极管、泵产品等货物过程中，为牟取非法利益，在明知曹某（另案处理）等相关客户货物的实际采购价格的情况下，仍制作虚假低价单证委托货代公司、报关公司向海关申报进口。

其间，境内客户通过上述3家公司进口二极管，双方签订国内购销合

同，以表面内贸实为代理进口的模式完成合作。其实际进口流程为：境内客户根据需求向香港A公司下订单，香港A公司根据境内客户订单制作装箱单邮件发给境内客户，境内客户根据货物品名、数量等制作合同，连同上述装箱单通过邮件发送给孙某，孙某根据境内客户提供的合同制作人民币含税的购销合同、附表清单，通过邮箱发给境内客户，境内客户盖章后回传给孙某。境内客户根据上述购销合同的金额付增值税给乙、丙公司，由乙、丙公司开具税单给境内客户。香港A公司根据境内客户订单和指示，将货物运送到孙某指定的香港某仓库，孙某安排运输至深圳报关，完成后由境内客户安排物流运输。

经海关计核，被告单位甲公司偷逃应缴税额人民币（以下币种均为人民币）640万余元；被告单位丙公司偷逃应缴税额501万余元；被告单位乙公司偷逃应缴税额30万余元；孙某偷逃应缴税额合计1,100余万元。2021年3月16日，孙某在其居住地附近被侦查人员抓获。到案后，孙某对上述犯罪事实拒不供认。

判决结果：

（一）甲公司犯走私普通货物罪，判处罚款人民币650万元。

（二）丙公司犯走私普通货物罪，判处罚款人民币510万元。

（三）乙公司犯走私普通货物罪，判处罚款人民币40万元。

（四）孙某犯走私普通货物罪，判处有期徒刑12年6个月。

（五）违法所得予以追缴，供犯罪所用的本人财物予以没收。

二、相关规定

（一）《刑法》第一百五十三条，第三十条，第三十一条，第二十五条第一款，第五十二条，第五十三条第一款，第六十四条。

（二）《最高人民法院、最高人民检察院关于办理走私刑事案件适用法律若干问题的解释》第二十四条第二款。

6.1.3 伪报润滑油品名、低报价格走私

一、案例概述

朱某于 2014 年成立 A 公司，开展国内润滑油销售业务，2015 年自韩国正常报关进口润滑油至国内销售。因正常报关进口成本高难以销售，朱某咨询李某（另案处理），得知可以通过伪报品名、低报价格的方式降低成本。朱某为牟取非法利益，与供货商约定制作低于实际成交价格的假发票用于报关，票面货款由 A 公司打入韩国供货商账户，剩余货款由朱某使用个人银行账户进行支付。此外，朱某在明知其进口的润滑油中矿物油含量均超过 70%，应使用税号 2710199100、以润滑油为品名进行申报的情况下，为降低成本，使用税费较低的税号 3403190000、以润滑剂为品名进行报关。

2018 年 6 月—2019 年 4 月，朱某以 A 公司名义，采用伪报品名、低报实际成交价格方式自韩国走私进口润滑油 10 票，偷逃应缴税款人民币 572,115.8 元。

判决结果：

（一）A 公司犯走私普通货物罪，判处罚款人民币 58 万元。

（二）朱某犯走私普通货物罪，判处有期徒刑 7 个月，缓刑 1 年。

（三）A 公司在本案侦查期间退缴的违法所得由相关海关缉私分局依法处理。

二、相关规定

（一）《刑法》第一百五十三条，第三十一条，第五十二条，第五十三条，第六十七条第三款，第六十八条，第七十二条，第七十三条第二款、第三款，第七十六条，第六十四条。

（二）《刑事诉讼法》第二百零一条。

（三）《最高人民法院、最高人民检察院关于办理走私刑事案件适用法律若

干问题的解释》第二十四条第二款。

6.1.4 "蚂蚁搬家"走私香烟

一、案例概述

刘某,曾因违规携带燕窝、POS机、音箱、清洁护理品、小家电、白酒、硬盘、洗面奶、洗面霜等物品进境,于2019年7月—2020年10月期间被某海关6次退运、2次征税,于2019年12月因违规携带化妆品等物品进境被行政处罚,于2020年12月因违规携带白兰地酒进境被行政处罚,并因走私于2020年12月25日、2021年2月20日先后两次被相关海关行政处罚,行政处罚决定书均已送达生效。

2021年7月21日6时35分,刘某经某口岸旅检现场无申报通道进境,无书面向海关申报,被海关关员截查,关员从其携带的背包中查获卷烟600支(200支/条),海关按照规定放行其中卷烟40支。经中国检验认证集团珠海有限公司对上述物品进行鉴定,系"MARLBORO"牌卷烟(标称规格:20支/包,产地:未标明)10包;"KENT"牌卷烟(标称规格:20支/包,产地:新加坡)10包;"555"牌卷烟(标称规格:20支/包,产地:未标明)8包;经某海关核定,上述货物偷逃应缴税额共计人民币131元。

刘某故意违反国家法律法规,逃避海关监管,一年内曾因走私被给予两次行政处罚后又走私,其行为构成走私普通物品罪。公诉机关指控的事实清楚、罪名成立,一审法院予以支持。刘某归案后如实供述自己的罪行,承认指控的犯罪事实,愿意接受处罚。

判决结果:

(一)刘某犯走私普通物品罪,判处拘役1个月,并处罚款人民币270元。

(二)查获卷烟一批予以没收,由海关缉私部门执行。

二、相关规定

（一）《刑法》第一百五十三条第一款第一项、第六十七条第三款、第五十二条、第六十四条。

（二）《刑事诉讼法》第二百零一条第一款、第十五条。

6.1.5　平行进口汽车低报价格

一、案例概述

2017年10月，杨某经他人介绍欲进口两辆某名牌越野车，遂委托A公司开具信用证并委托B公司代为办理车辆进口报关报检等事宜。在车辆通关申报过程中，杨某明知车辆真实成交价格为"车窗纸"价格[①]与加价款[②]之和，为偷逃税款，决定隐瞒实际成交价格，以"车窗纸"价格加1,000美元作为商品价格向海关申报。经计核，在上述业务中，杨某偷逃应缴税款共计人民币195,239.79元。一审法院认定杨某犯走私普通货物罪。

杨某不服一审判决，提出上诉称，一审判决事实不清，证据不足，其当时做进口车生意时，不知道其行为违法；另外4.7万美元加价款汇向国外的证据不足；其行为不构成犯罪。杨某辩护人认为：（1）公诉机关提交的《中华人民共和国××海关涉嫌走私的货物、物品偷逃税款海关核定证明书》依法不能作为定罪量刑的依据；（2）杨某不具有走私普通货物的主观故意；（3）杨某向案外人吴某和刘某支付的佣金，依法不能作为计税依据；（4）一审判决认定杨某偷逃关税195,239.79元的基本事实不清、证据不足。综上，杨某行为不构成走私普通货物罪。

二审法院审理查明的事实与原审相同。原审判决认定事实的证据，经

[①] 车辆在北美地区的零售价。
[②] 包括车辆在北美地区当地落牌照的费用、运费和保险费以及国外供货商的利润等。

原审法院庭审时举证、质证，二审法院经依法全面审查予以确认。二审期间，上诉人杨某及其辩护人均未提供新的证据材料。于2021年12月15日作出终审刑事裁定："驳回上诉，维持原判。"

判决结果：

（一）一审判决杨某犯走私普通货物罪，判处有期徒刑1年，缓刑1年，并处罚款人民币20万元。在缓刑考验期内，依法对杨某实行社区矫正。

（二）在案扣押的杨某违法所得人民币195,239.79元依法没收，上缴国库。

二、相关规定

（一）《刑法》第一百五十三条第一款、第五十二条、第五十三条、第六十四条、第六十七条第三款、第七十二条、第七十三条、第七十六条。

（二）《刑事诉讼法》第二百三十六条第一款第（一）项。

6.1.6 伪报走私着色剂、荧光增白剂

一、案例概述

2016年3月—2019年6月，在A公司委托B公司从境外进口着色剂、荧光增白剂等货物的过程中，A公司物流操作员俞某为牟取非法利益，经与B公司操作员黄某共谋，在明知涉案货物的实际成交方式系EXW（Ex-Works，工厂交货），A公司应向B公司支付海运费的情况下，俞某擅自修改报关合同、黄某自行或指使报关公司修改报关发票，伪报成交方式为CIF。此外，黄某在俞某要求其在部分业务中如实申报成交方式时，擅自决定将部分涉案货物的实际海运费改低后向海关申报进口。

经海关计核，俞某采用上述方式操作进口货物共64票，涉嫌偷逃应缴税额共计人民币（以下币种均为人民币）298,437.79元；黄某采

用上述方式为 A 公司操作进口货物共 76 票，涉嫌偷逃应缴税额共计 345,234.33 元。

判决结果：

（一）俞某犯走私普通货物罪，判处有期徒刑 6 个月，缓刑 1 年，并处罚款人民币 15 万元。

（二）黄某犯走私普通货物罪，判处有期徒刑 7 个月，缓刑 1 年，并处罚款人民币 20 万元。

（三）用于走私犯罪的工具予以没收。

二、相关规定

（一）《刑法》第一百五十三条第一款第（一）项、第三款，第二十五条第一款，第六十七条第一款，第七十二条第一款、第三款，第七十三条第二款、第三款，第五十二条，第六十四条。

（二）《最高人民法院、最高人民检察院关于办理走私刑事案件适用法律若干问题的解释》第十六条第一款。

（三）《刑事诉讼法》第十五条、第二百零一条第一款。

6.1.7 伪报边民互市走私水果

一、案例概述

为了获取边民互市贸易红利，赚取货物清关代理费，黄某明知广西 A 公司不具有边民互市贸易资格，仍利用 B 合作社可以集中申报货物通关的便利，帮助 A 公司以边民互市贸易方式申报货物通关。在此过程中，B 合作社员工农某与 A 公司的员工对接工作，苏某、王某等 B 合作社边民代表具体负责申报货物通关入境事宜。

2020 年 10 月 21 日，海关缉私分局民警在某监管中心对一越南货车进行检查时，查获 A 公司委托 B 合作社以边民互市贸易方式申报入境的红心火龙果 14,340 千克，偷逃应缴税额人民币 3.08 万元。经查实，2020 年 7 月 3 日—10 月 21 日，B 合作社以边民互市贸易方式帮助 A 公司申报 200 车火龙果入境，B 合作社、黄某偷逃应缴税额人民币 501.7472 万元。

判决结果：

（一）B 合作社犯走私普通货物罪，判处罚款人民币 200 万元。

（二）黄某犯走私普通货物罪，判处有期徒刑 3 年，缓刑 4 年。

二、相关规定

（一）《刑法》第三十条，第三十一条，第一百五十三条，第六十七条第一款，第七十二条第一款，第七十三条第二款、第三款，第五十二条，第五十三条第一款。

（二）《最高人民法院、最高人民检察院关于办理走私刑事案件适用法律若干问题的解释》第二十四条第二款。

（三）《刑事诉讼法》第十五条、第二百零一条。

6.1.8 伪报跨境电商进口红酒

一、案例概述

周某为牟取非法利益，从澳门订购涉案洋酒，交同案人"二兄"包税进口，通过 A 公司将本应以一般贸易方式进口的洋酒伪报跨境电商的进口方式走私入境 4 票，共计 37,200 瓶。经海关关税部门核算，偷逃应缴税款共计人民币 6,605,796.72 元。

2020 年 3 月，周某通过朋友认识了一个叫"超哥"的澳门人，其称具有境外洋酒的货源。周某从 2020 年 7 月开始伙同他人走私洋酒进境，周某通过向某（澳门）贸易有限公司订购洋酒。"超哥"开具销售单或者发票给周某，上面有订购的洋酒的品名、单价、总价、数量，还有定金和尾款支付时间，以及需要通关的平台信息。周某通过某地下钱庄向"超哥"支付美元。"超哥"收到定金后发货,货到深圳盐田港后付尾款。这些货到了盐田港后,"二兄"帮忙通关,费用是货值的16%~17%,如果未完成通关,则"二兄"按照货值全额赔偿。"二兄"通过A公司进行申报,到境内后,从A公司所在地保税仓发给周某或者周某的境内客户。

周某主观上具有追求非法利益的走私故意,明知同案人采用包税进口的走私方式进口涉案货物,仍然放任和积极配合并支付货值16%~17%的包税费用,客观上实施了走私洋酒的行为。周某系本案货主,是非法利益的获益者,从订购涉案货物到安排包税进口,再到接收货物、支付包税费用等都是积极追求和参与,并非共同犯罪的从犯。周某归案后供述了同案人"二兄"的包税走私行为,但没有提供同案人具体的基本情况,并非法律规定的立功情节。

判决结果:

(一)周某犯走私普通货物罪,判处有期徒刑11年,并处罚款人民币700万元。

(二)追缴周某违法所得,上缴国库。

(三)扣押的周某作案工具手机1台,依法予以没收。

二、相关规定

(一)《刑法》第一百五十三条第一款第(三)项、第五十二条、第五十三条、第六十四条。

(二)《最高人民法院、最高人民检察院关于办理走私刑事案件适用法律若干问题的解释》第十六条第一款。

6.1.9 伪报为领馆自用进口汽车

一、案例概述

2016年10月,于某为牟取非法利益,在明知海关对领馆车辆进口监管规定的情况下，仍为沈某操作进口某品牌小客车一辆。2017年3月，于某在收取沈某支付的购车款、各类代办费用共计人民币250万元（以下币种均为人民币）后，向境外采购涉案车辆，并与A国驻上海总领事馆相关人员合谋，伪造领事馆相关文书，将涉案车辆伪报为领事馆自用车辆免税申报入境并交付沈某使用。经核定，于某等人从中偷逃应缴税额2,143,628.75元。

判决结果：

（一）于某犯走私普通货物罪，判处有期徒刑2年10个月，并处罚款人民币40万元；撤销上海市第三中级人民法院（2019）沪03刑初189号刑事判决书中被告人于某犯走私普通货物罪，判处有期徒刑2年6个月，缓刑2年6个月，并处罚款人民币30万元的缓刑部分，决定执行有期徒刑3年，缓刑5年，并处罚款人民币70万元。[①]

（二）违法所得予以追缴，扣押在案的小客车等予以没收。

二、相关规定

（一）《刑法》第一百五十三条第一款第（一）项、第（二）项，第六十九条，第七十七条第一款，第二十五条第一款，第六十七条第一款，第七十二条第一款、第三款，第七十三条第二款、第三款，第五十二条，第五十三条第一款，第六十四条。

（二）《最高人民法院、最高人民检察院关于办理走私刑事案件适用法律若干问题的解释》第十六条第一款。

6.1.10 一般贸易货物伪报为加工贸易货物

一、案例概述

郑某于2016年注册成立A公司，公司只有郑某一个股东，主要从事

---

① 2021年本案判决时，其2019年的判决尚未执行完毕，故撤销原判决后合并执行。

电子原配件的贸易工作。

2016年下半年，郑某与B公司总经理袁某（已判决）商议，以包税方式，通过B公司保税手册走私集成电路等电子产品入境。二人商议后，至2017年年底，郑某向B公司在香港的关联公司C集团交付准备走私入境的货物，通过文锦渡等口岸以来料加工保税货物形式伪报入境。走私的电子产品主要是电阻电容，到货后B公司仓库主管邹某（已判决）会通知郑某提货。货物入境后不入B公司仓库而是直接交付郑某或其指定人员。袁某安排邹某核对郑某走私入境货物的重量及走私费用，再经袁某加入个人获利后转告郑某包税走私的费用。郑某将走私费用转至袁某指定的银行账户，袁某提取个人获利后将余下的走私费用转至邹某银行账户，邹某再转至B公司实际控制人叶某（已判决）指定的银行账户。

经计核，2012年1月—2017年12月，B公司、郑某偷逃应缴税额人民币15,342,896.4元。

判决结果：

（一）B公司犯走私普通货物罪，判处罚款人民币1,500万元。

（二）郑某犯走私普通货物罪，判处有期徒刑4年6个月，并处罚款人民币100万元。

（三）郑某被扣押的2部手机等作案工具依法予以没收，上缴国库。

二、相关规定

《刑法》第一百五十三条、第二十六条、第二十七条、第五十二条、第五十三条、第六十一条、第六十四条、第六十七条第三款。

6.1.11 伪报价格出口废钢

一、案例概述

2017年6—11月，A公司为冯某（另案处理）等人报关出口废钢铁。

A 公司在不掌握货物真实成交价格的情况下，以所谓的"海关限价"为申报价格基础伪造合同、发票等报关资料，使用 B 公司、C 公司的名义向海关伪报出口废钢铁。

报关公司根据冯某提供的数据制作报关合同、发票、装箱单，国外的买方由报关公司杜撰，买方的签名也是随便签上去的，自行制作虚假的合同和发票。黄某没有对被提供数据的真实性进行审核，而冯某报给报关公司的申报价格偏低，目的就是通过低报价格来偷逃关税以获取利益，而报关公司也未让冯某提供真实的发票与成交合同。

经海关关税部门核定，A 公司通过伪报价格的方式为冯某等人走私出口废钢铁共计 15,799.31 吨，偷逃应缴税款共计人民币 4,920,163.07 元。黄某负责 A 公司报关业务和各项事务，在明知冯某等人没有提供废钢铁真实成交资料的情况下，仍以"海关限价"为基础伪造报关资料申报出口废钢铁，系单位犯罪中直接负责的主管人员。

判决结果：

（一）A 公司犯走私普通货物罪，判处罚款人民币 300 万元。

（二）黄某犯走私普通货物罪，判处有期徒刑 5 年。

（三）黄某退缴的违法所得人民币 20 万元，予以没收，上缴国库；继续追缴被告单位 A 公司的违法所得，上缴国库。

二、相关规定

（一）《刑法》第一百五十三条第二款、第三十条、第三十一条、第五十二条、第五十三条、第六十四条、第六十七条第一款。

（二）《最高人民法院、最高人民检察院关于办理走私刑事案件适用法律若干问题的解释》第二十四条第二款。

6.1.12 伪报多晶硅原产地

一、案例概述

A公司自2012年起自B地某公司进口多晶硅原料。2014年8—10月，A公司在进口原产于B地的太阳能级多晶硅材料过程中，为偷逃进口环节反倾销税和反补贴税，经该公司董事任某、法定代表人张某、副总经理范某及经营部部长李某等人商议，伙同B地、C地公司，经A公司购买的、原产于美国的太阳能级多晶硅由美国公司先行出口至中国台湾，由C地公司进行清洗加工，再将货物出售给A公司。

在C地转运加工并未对货物进行实质性改变，货物实际原产地仍为B地的情况下，A公司隐瞒货物原产于B地的事实，违反国家原产地管理相关规定，以C地公司提供的C地原产地证明，将实际原产于B地的3票太阳能级多晶硅货物委托相关公司向相关海关申报进口。经海关计核，偷逃海关进口环节应缴反倾销税和反补贴税共计人民币3,804,094.54元。其中，任某作为单位直接负责的主管人员，参与走私3票，偷逃税款人民币3,804,094.54元；李某作为单位直接责任人员，参与走私2票，偷逃税款人民币2,282,838.11元，张某、范某分别作为单位直接负责的主管人员及直接责任人员，参与走私1票，偷逃税款人民币1,521,256.43元。

判决结果：

（一）A公司犯走私普通货物罪，判处罚款人民币381万元。

（二）任某犯走私普通货物罪，判处有期徒刑2年6个月，缓刑2年6个月。

（三）李某犯走私普通货物罪，判处有期徒刑2年，缓刑2年。

（四）张某犯走私普通货物罪，判处有期徒刑1年6个月，缓刑1年6个月。

（五）范某犯走私普通货物罪，判处有期徒刑1年6个月，缓刑1年6个月。

（六）涉案扣押的被告单位A公司违法所得人民币3,804,094.54元，由相关海关缉私分局上缴国库；余款人民币695,905.46元折抵罚款。

二、相关规定

（一）《刑法》第一百五十三条第一款第（二）项、第二款、第三款，第二十五条第一款，第二十六条第一款、第四款，第三十条，第三十一条，第四十五条，第五十二条，第五十三条第一款，第六十一条，第六十二条，第六十三条第一款，第六十七条第一款，第七十二条，第七十三条第二款、第三款，第六十四条。

（二）《最高人民法院关于处理自首和立功具体应用法律若干问题的解释》第一条、第三条。

（三）《最高人民法院、最高人民检察院关于办理走私刑事案件适用法律若干问题的解释》第二十四条第二款。

6.1.13 伪报贸易性质进口木材原料

一、案例概述

A厂系香港B公司注册成立的"三来一补"企业，执行来料加工合同手册，保税进口木皮、木方等原材料，加工生产木制家具，产品按规定需全部复出口。

2003年2月，A厂停产并解雇全部生产工人。为牟取非法利益，A厂在刘某的操作下，开始利用申领的来料加工合同手册，以"包税"形式为他人走私进口各种木材原料。为掩盖A厂没有加工生产的真实情况，应付工商、海关等部门的检查，刘某将A厂的厂房出租给香港C公司生产木制家具，同时指使A厂文员制作虚假的工人工资表、社保登记表及进出仓单等各种资料。

2003年7月，刘某雇请唐某作为A厂的报关员，负责处理A厂进出口走私活动的报关手续及合同手册的备案核销事项。2003年2月—2006年7月，刘某、唐某以A厂的名义，利用A厂申领的13本合同手册，以每货柜收取人民币1.1万元～3万元"指标费"的价格，先后为多家企业和个体工商户保税进口各种木材原料。为平衡A厂的来料加工合同手册，刘某、唐某又利用A厂的合同手册，以每货柜收取人民币1,000元～1,300元"拖柜费"的价格，将香港多家公司向内地厂家购买的木制家具以A厂的名义报关出口。经海关关税部门核定，A厂以上述伪报贸易性质方式走私进口货物偷逃应缴税款共计人民币21,496,586元，其中刘某参与走私货物偷逃应缴税款人民币21,496,586元，唐某参与走私货物偷逃应缴税款人民币17,841,975元。

判决结果：

（一）A厂犯走私普通货物罪，判处罚款人民币2,200万元。

（二）刘某犯走私普通货物罪，判处有期徒刑10年。

（三）唐某犯走私普通货物罪，判处有期徒刑4年。

（四）A厂仓库涉案木皮18,160公斤等予以没收，由暂扣单位海关缉私分局直接上缴国库。

二、相关规定

（一）《刑法》第一百五十三条第一款，第二十五条第一款，第二十六条第一款、第四款，第二十七条，第三十一条，第五十三条。

（二）《最高人民法院关于审理走私刑事案件具体应用法律若干问题的解释（二）》第六条第（二）项、第七条。

6.2 贸易瞒骗相关法律规定

贸易瞒骗构成走私罪，主要根据《中华人民共和国海关法》（简称《海关法》）、《刑法》、《最高人民法院、最高人民检察院关于办理走私刑事案件适用法律若干问题的解释》的相关规定。违反《海关法》及有关法律、行政法规，逃避海关监管，偷逃应纳税额达到起刑点，即构成《刑法》第一百五十三条走私普通货物、物品罪。

6.2.1 《海关法》相关条款

"第八十二条　违反本法及有关法律、行政法规，逃避海关监管，偷逃应纳税额、逃避国家有关进出境的禁止性或者限制性管理，有下列情形之一的，是走私行为：

"（一）运输、携带、邮寄国家禁止或者限制进出境货物、物品或者依法应当缴纳税款的货物、物品进出境的；

"（二）未经海关许可并且未缴纳应纳税款、交验有关许可证件，擅自将保税货物、特定减免税货物以及其他海关监管货物、物品、进境的境外运输工具，在境内销售的；

"（三）有逃避海关监管，构成走私的其他行为的。

"有前款所列行为之一，尚不构成犯罪的，由海关没收走私货物、物品及违法所得，可以并处罚款；专门或者多次用于掩护走私的货物、物品，专门或者多次用于走私的运输工具，予以没收，藏匿走私货物、物品的特制设备，责令拆毁或者没收。

"有第一款所列行为之一，构成犯罪的，依法追究刑事责任。"

6.2.2 《刑法》相关条款

"第一百五十三条　走私本法第一百五十一条、第一百五十二条、第三百四十七条规定以外的货物、物品的，根据情节轻重，分别依照下列规定处罚：

"（一）走私货物、物品偷逃应缴税额较大或者一年内曾因走私被给予二次行政处罚后又走私的，处三年以下有期徒刑或者拘役，并处偷逃应缴税额一倍以上五倍以下罚款。

"（二）走私货物、物品偷逃应缴税额巨大或者有其他严重情节的，处三年以上十年以下有期徒刑，并处偷逃应缴税额一倍以上五倍以下罚款。

"（三）走私货物、物品偷逃应缴税额特别巨大或者有其他特别严重情节的，处十年以上有期徒刑或者无期徒刑，并处偷逃应缴税额一倍以上五倍以下罚款或者没收财产。

"单位犯前款罪的，对单位判处罚款，并对其直接负责的主管人员和其他直接责任人员，处三年以下有期徒刑或者拘役；情节严重的，处三年以上十年以下有期徒刑；情节特别严重的，处十年以上有期徒刑。

"对多次走私未经处理的，按照累计走私货物、物品的偷逃应缴税额处罚。"

6.2.3 《最高人民法院、最高人民检察院关于办理走私刑事案件适用法律若干问题的解释》中贸易瞒骗构成走私罪的相关规定

"第十六条 走私普通货物、物品，偷逃应缴税额在十万元以上不满五十万元的，应当认定为刑法第一百五十三条第一款规定的'偷逃应缴税额较大'；偷逃应缴税额在五十万元以上不满二百五十万元的，应当认定为'偷逃应缴税额巨大'；偷逃应缴税额在二百五十万元以上的，应当认定为'偷逃应缴税额特别巨大'。

"走私普通货物、物品，具有下列情形之一，偷逃应缴税额在三十万元以上不满五十万元的，应当认定为刑法第一百五十三条第一款规定的'其他严重情节'；偷逃应缴税额在一百五十万元以上不满二百五十万元的，应当认定为'其他特别严重情节'：

"（一）犯罪集团的首要分子；

"（二）使用特种车辆从事走私活动的；

"（三）为实施走私犯罪，向国家机关工作人员行贿的；

"（四）教唆、利用未成年人、孕妇等特殊人群走私的；

"（五）聚众阻挠缉私的。"

"第十七条 刑法第一百五十三条第一款规定的'一年内曾因走私被给予

二次行政处罚后又走私'中的'一年内',以因走私第一次受到行政处罚的生效之日与'又走私'行为实施之日的时间间隔计算确定;'被给予二次行政处罚'的走私行为,包括走私普通货物、物品以及其他货物、物品;'又走私'行为仅指走私普通货物、物品。"

"第十八条　刑法第一百五十三条规定的'应缴税额',包括进出口货物、物品应当缴纳的进出口关税和进口环节海关代征税的税额。应缴税额以走私行为实施时的税则、税率、汇率和完税价格计算;多次走私的,以每次走私行为实施时的税则、税率、汇率和完税价格逐票计算;走私行为实施时间不能确定的,以案发时的税则、税率、汇率和完税价格计算。

"刑法第一百五十三条第三款规定的'多次走私未经处理',包括未经行政处理和刑事处理。"

"第二十四条　单位犯刑法第一百五十一条、第一百五十二条规定之罪,依照本解释规定的标准定罪处罚。

"单位犯走私普通货物、物品罪,偷逃应缴税额在二十万元以上不满一百万元的,应当依照刑法第一百五十三条第二款的规定,对单位判处罚款,并对其直接负责的主管人员和其他直接责任人员,处三年以下有期徒刑或者拘役;偷逃应缴税额在一百万元以上不满五百万元的,应当认定为'情节严重';偷逃应缴税额在五百万元以上的,应当认定为'情节特别严重'。"

7

境内外走私行为的比较研究

7.1 我国走私行为的法律界定及法律责任

在我国，走私被认为是逃避国家监管，偷逃国家税收，破坏国家建设，危害国家和民族利益的严重违法犯罪行为，走私行为人将承担相应的行政责任或刑事责任。

7.1.1 走私行为的法律界定

7.1.1.1 走私行为

在我国的法律规范体系中，走私行为的定义是具体规定在《海关法》之中的。该法第八十二条规定，凡是违反《海关法》及有关法律、行政法规，逃避海关监管，偷逃应纳税款，逃避国家有关进出境的禁止性或者限制性管理的，均属走私行为。

因此，走私行为的构成条件包括以下3方面：

第一，违反海关法律规范。构成走私行为要以违反海关法律法规为前提，这里的海关法律法规，应作广义理解，包括海关履行进出口监督管理职能所依据的海关法以及其他法律法规。在法律层级上，除《海关法》之外，还包括《中华人民共和国进出口商品检验法》《中华人民共和国进出境动植物检疫法》《中华人民共和国食品安全法》《中华人民共和国对外贸易法》《中华人民共和国出口管制法》等；在行政法规层级上，包括《中华人民共和国进出口关税条例》[①]《中华人民共和国货物进出口管理条例》《中华人民共和国海关稽查条例》《中华人民共和国海关统计条例》《中华人民共和国进出口货物原产地条例》《中华人民共和国海关行政处罚实施条例》(简称《海关行政处罚实施条例》)等。

---

① 《中华人民共和国关税法》已于2024年4月26日第十四届全国人民代表大会常务委员会第九次会议通过，自2024年12月1日起施行。《中华人民共和国进出口关税条例》同时废止。

但是，走私行为所违反的海关法律规范的效力层级仅包括法律和行政法规，不包括海关执法相关的行政规章以及规范性文件。

第二，逃避海关监管。在《海关行政处罚实施条例》中，规定了各种逃避海关监管行为的表现，包括绕关走私、通关走私和后续走私 3 种基本方式。绕关走私，是指未经国务院或者国务院授权的机关批准，从未设立海关的地点运输、携带国家禁止进出境的物品、国家限制进出口或者依法应当缴纳税款的货物、物品进出境的行为；通关走私，是指从设立海关的地点进出境，但同时采取藏匿、伪报、瞒报、伪装等瞒骗手段，避开海关的监督、检查，运输、携带、邮寄国家禁止、限制进出口或者依法应当缴纳税款的货物、物品进出境的行为；后续走私，是指未经海关许可并补缴应缴税款，擅自将保税货物、减免税货物等进境时未完税的海关监管货物，在境内销售牟利或者进行其他处置的。

第三，造成逃税或逃避国家禁限管理的后果。行为人虽然违反海关法律法规，实施逃避海关监管行为，但是没有造成偷逃税款，或者逃避国家有关进出境的禁止性、限制性管理规定的后果的，同样不构成走私行为。

7.1.1.2　以走私行为论处（准走私行为）

《海关法》第八十三条规定，对直接向走私人非法收购走私进口的货物、物品等两类违法行为，按照走私行为论处。

第一类，直接向走私人非法收购走私进口的货物、物品。其中，"直接"强调的是行为人与走私人是"第一手交易"，除此之外，经过第二手、第三手等后续环节后收购的，不按走私行为论处；"收购"也不能简单理解为"购买"，收购是向不特定对象发起的长期邀约，购买是与特定人员交易特定标的物，实践中应注意区分。

第二类，在内海、领海、界河、界湖，船舶及所载人员运输、收购、贩卖国家禁止或者限制进出境的货物、物品，或者运输、收购、贩卖依法应当缴纳税款的货物，没有合法证明的，强调对上述运输、收购、贩卖行为的地域限制。对超出上述地域范围，如在内陆运输、收购、贩卖国家禁止或者限制进出境的货物、物品，或者运输、收购、贩卖依法应当缴纳税款的货物的，不能按走私行为论处。

7.1.2 走私行为的行政责任

对于具有行政违法性，但尚不构成犯罪的走私行为和准走私行为，《海关行政处罚实施条例》第九条规定了相应的行政责任。对不同的走私对象，即禁止进出境的货物物品、限制进出境的货物物品、需要缴纳税款的进出口货物物品，分别规定相应的罚则：

"（一）走私国家禁止进出口的货物的，没收走私货物及违法所得，可以并处100万元以下罚款；走私国家禁止进出境的物品的，没收走私物品及违法所得，可以并处10万元以下罚款；

"（二）应当提交许可证件而未提交但未偷逃税款，走私国家限制进出境的货物、物品的，没收走私货物、物品及违法所得，可以并处走私货物、物品等值以下罚款；

"（三）偷逃应纳税款但未逃避许可证件管理，走私依法应当缴纳税款的货物、物品的，没收走私货物、物品及违法所得，可以并处偷逃应纳税款3倍以下罚款。"

根据前述规定，无论是涉税走私还是非涉税走私行为，都应当没收走私货物物品、没收违法所得，可以并处罚款。

同时，《海关行政处罚实施条例》也对走私的运输工具或用于掩护走私的货物、物品的处理进行了规定："专门用于走私的运输工具或者用于掩护走私的货物、物品，2年内3次以上用于走私的运输工具或者用于掩护走私的货物、物品，应当予以没收。藏匿走私货物、物品的特制设备、夹层、暗格，应当予以没收或者责令拆毁。使用特制设备、夹层、暗格实施走私的，应当从重处罚。"

7.1.3 走私行为的刑事责任

走私行为构成犯罪的，行为人应当承担走私犯罪的法律后果。在《刑法》

中，走私罪是空白罪状，刑法分则没有对走私进行法律界定，要依据《海关法》等法律法规规定判断是否构成走私行为，同时考察相关行为是否符合走私罪的入罪标准。

按照《刑法》关于犯罪构成的理论，走私罪具有以下特征：一是行为人是适格的犯罪主体，包括自然人和单位；二是行为人主观上必须具有走私犯罪故意；三是客观上实施了走私行为；四是该走私行为的社会危害程度已经达到需要依照刑事法律的规定，给予刑事制裁的程度。如果行为人实施的违法行为，符合走私行为的构成条件，同时也符合走私罪四要件特征，就应当追究其刑事责任。

在《刑法》中，走私罪是类罪名，按照走私对象的不同，设立了13个走私犯罪具体罪名，其刑罚标准如下：

一是走私武器、弹药罪，走私核材料罪，走私假币罪（《刑法》第一百五十一条第一款）。

法定刑：处七年以上有期徒刑，并处罚款或者没收财产；情节特别严重的，处无期徒刑，并处没收财产；情节较轻的，处三年以上七年以下有期徒刑，并处罚款。

单位犯罪的，对单位判处罚款，并对其直接负责的主管人员和其他直接责任人员，依照规定处罚。

二是走私文物罪，走私贵重金属罪，走私珍贵动物、珍贵动物制品罪（《刑法》第一百五十一条第二款）。

法定刑：处五年以上十年以下有期徒刑，并处罚款；情节特别严重的，处十年以上有期徒刑或者无期徒刑，并处没收财产；情节较轻的，处五年以下有期徒刑，并处罚款。

单位犯罪的，对单位判处罚款，并对其直接负责的主管人员和其他直接责任人员，依照规定处罚。

三是走私国家禁止进出口的货物、物品罪（《刑法》第一百五十一条第三款）。

法定刑：走私珍稀植物及其制品等国家禁止进出口的其他货物、物品的，处五年以下有期徒刑或者拘役，并处或者单处罚款；情节严重的，处五年以上有期徒刑，并处罚款。

单位犯罪的，对单位判处罚款，并对其直接负责的主管人员和其他直接责任人员，依照规定处罚。

四是走私淫秽物品罪（《刑法》第一百五十二条第一款）。

法定刑：以牟利或者传播为目的，走私淫秽的影片、录像带、录音带、图片、书刊或者其他淫秽物品的，处三年以上十年以下有期徒刑，并处罚款；情节严重的，处十年以上有期徒刑或者无期徒刑，并处罚款或者没收财产；情节较轻的，处三年以下有期徒刑、拘役或者管制，并处罚款。

单位犯罪的，对单位判处罚款，并对其直接负责的主管人员和其他直接责任人员，依照规定处罚。

五是走私废物罪（《刑法》第一百五十二条第二款）。

法定刑：逃避海关监管将境外固体废物、液态废物和气态废物运输进境，情节严重的，处五年以下有期徒刑，并处或者单处罚款；情节特别严重的，处五年以上有期徒刑，并处罚款。

单位犯罪的，对单位判处罚款，并对其直接负责的主管人员和其他直接责任人员，依照规定处罚。

六是走私普通货物、物品罪（《刑法》第一百五十三条）。

法定刑：走私《刑法》第一百五十一条、第一百五十二条、第三百四十七条规定以外的货物、物品的，根据情节轻重，分别依照下列规定处罚。

走私货物、物品偷逃应缴税额较大或者一年内曾因走私被给予二次行政处罚后又走私的，处三年以下有期徒刑或者拘役，并处偷逃应缴税额一倍以上五倍以下罚款。

走私货物、物品偷逃应缴税额巨大或者有其他严重情节的，处三年以上十年以下有期徒刑，并处偷逃应缴税额一倍以上五倍以下罚款。

走私货物、物品偷逃应缴税额特别巨大或者有其他特别严重情节的，处十年以上有期徒刑或者无期徒刑，并处偷逃应缴税额一倍以上五倍以下罚款或者没收财产。

单位犯前款罪的，对单位判处罚款，并对其直接负责的主管人员和其他直接责任人员，处三年以下有期徒刑或者拘役；情节严重的，处三年以上十年以下有期徒刑；情节特别严重的，处十年以上有期徒刑。

对多次走私未经处理的，按照累计走私货物、物品的偷逃应缴税额处罚。

七是走私毒品罪（《刑法》第三百四十七条）。

法定刑：走私、贩卖、运输、制造毒品，无论数量多少，都应当追究刑事责任，予以刑事处罚。

走私、贩卖、运输、制造毒品，有下列情形之一的，处十五年有期徒刑、无期徒刑或者死刑，并处没收财产：

走私、贩卖、运输、制造鸦片一千克以上、海洛因或者甲基苯丙胺五十克以上或者其他毒品数量大的；

走私、贩卖、运输、制造毒品集团的首要分子；

武装掩护走私、贩卖、运输、制造毒品的；

以暴力抗拒检查、拘留、逮捕，情节严重的；

参与有组织的国际贩毒活动的。

走私、贩卖、运输、制造鸦片二百克以上不满一千克、海洛因或者甲基苯丙胺十克以上不满五十克或者其他毒品数量较大的，处七年以上有期徒刑，并处罚款。

走私、贩卖、运输、制造鸦片不满二百克、海洛因或者甲基苯丙胺不满十克或者其他少量毒品的，处三年以下有期徒刑、拘役或者管制，并处罚款；情节严重的，处三年以上七年以下有期徒刑，并处罚款。

单位犯罪的，对单位判处罚款，并对其直接负责的主管人员和其他直接责任人员，依照各该款的规定处罚。

利用、教唆未成年人走私、贩卖、运输、制造毒品，或者向未成年人出售毒品的，从重处罚。

对多次走私、贩卖、运输、制造毒品，未经处理的，毒品数量累计计算。

八是走私制毒物品罪（《刑法》第三百五十条）。

法定刑：违反国家规定，非法生产、买卖、运输醋酸酐、乙醚、三氯甲烷或者其他用于制造毒品的原料、配剂，或者携带上述物品进出境，情节较重的，处三年以下有期徒刑、拘役或者管制，并处罚金；情节严重的，处三年以上七年以下有期徒刑，并处罚金；情节特别严重的，处七年以上有期徒刑，并处罚金或者没收财产。

明知他人制造毒品而为其生产、买卖、运输前款规定的物品的，以制造毒品罪的共犯论处。

单位犯罪的，对单位判处罚金，并对其直接负责的主管人员和其他直接责任人员，依照规定处罚。

九是走私人类遗传资源材料罪（《刑法》第三百三十四条之一）。

法定刑：违反国家有关规定，非法采集我国人类遗传资源或者非法运送、邮寄、携带我国人类遗传资源材料出境，危害公众健康或者社会公共利益，情节严重的，处三年以下有期徒刑、拘役或者管制，并处或者单处罚金；情节特别严重的，处三年以上七年以下有期徒刑，并处罚金。

7.2 境外走私行为的法律责任

7.2.1 美国对走私行为的法律责任

走私罪在美国系联邦犯罪，规定在《美国法典》中。《美国法典》第 18 卷第 545 节中规定，走私罪是指携带货物进出海岸不纳关税或者携带违禁品进出海岸的行为，最高刑期是 20 年。

其走私行为一般可以分为两类：一类为广义上的走私，即准备或者递交虚假文件的行为；另一类为狭义上的走私，即私下进口货物的行为，后者就是走私罪所规定的行为。根据法律规定，对于走私或者虚报货物的，均要处以没收财产；进行虚假陈述的、从事虚假活动或使用虚假器具的，可处 5,000 美元罚款或两年监禁，或两者并罚。

7.2.2 俄罗斯对走私行为的法律责任

《俄罗斯联邦刑法典》（2011年）第226-1条规定："走私烈性物质、剧毒物质、有毒物质、爆炸物质、放射性物质、放射源、核材料、火器或其主要部件、爆炸装置、弹药、大规模杀伤性武器、大规模杀伤性武器的运载工具、其他武器、其他军事技术设备以及可能在制造大规模杀伤性武器及其运载工具、其他军事技术装备时被利用的材料和设备，以及走私具有战略意义的重要商品和资源或走私文化珍品或特别珍贵的稀有动物资源或水生生物资源。

"1. 将烈性物质、剧毒物质、有毒物质、爆炸物质、放射性物质、放射源、核材料、火器或其主要部件（枪管、枪栓、转轮、弹夹、枪膛）、爆炸装置、弹药、大规模杀伤性武器、大规模杀伤性武器的运载工具、其他武器、其他军事技术设备以及可能在制造大规模杀伤性武器及其运载工具、其他军事技术装备时被利用的材料和设备，以及将具有战略意义的重要商品和资源或文化珍品或列入《俄罗斯联邦红皮书》的和（或）受俄罗斯联邦签署的国际条约保护的特别珍贵的稀有动物资源或水生生物资源、它们的部分或衍生物非法运过欧亚经济共同体关税联盟的海关边界或越过俄罗斯联邦与欧亚经济共同体关税联盟成员国边界的，处3年以上7年以下的剥夺自由，并处或不并处数额为100万卢布以下或被判刑人5年以下的工资或其他收入的罚款，并处或不并处1年以下的限制自由。

"2. 本条第1款规定的行为，有下列情形之一的：

"（1）公职人员利用自己的职务地位实施的；

"（2）对进行海关监督或边防监管的人员使用暴力实施的，处5年以上10年以下的剥夺自由，并处或不并处数额为100万卢布以下或被判刑人5年以下的工资或其他收入的罚款，并处或不并处18个月以下的限制自由。

"3. 本条第1款或第2款规定的行为，由有组织的集团实施的，处7年以上12年以下的剥夺自由，并处或不并处数额为100万卢布以下或被判刑人5

年以下的工资或其他收入的罚款，并处或不并处 2 年以下的限制自由。"

7.2.3 法国对走私行为的法律责任

法国是典型的在海关法中规定走私犯罪的国家。

《法国海关法典》第十二编第六章"处罚规定"中的第 1 节"违反海关法行为分类及主刑"将违反海关法行为分为 5 类，触犯海关法规犯罪行为分为 3 类。该节还详细规定了走私行为及其逃避海关监管进口或出口的行为。

第 417 条第 1 款将走私定义为"从非设关地点进口或者出口，以及所有违反有关关境内货物的持有及移动的法律法规行为"。该条第 2 款具体列举了走私行为的种类。该条第 3 款第 418 条至第 422 条具体列举了几种视为走私行为的情形，即准走私行为：通过现场海关进口或出口，但无正式报关单或正式报关单与所呈验货物单不符；偷换调包海关监管货物；未在规定期限内递交第 100 条规定的补充报关单。

第 414 条规定，走私或不向海关申报进出口本法规定意义上的禁止进出口物品、重税货物，处 3 年以下拘役，没收走私物品、运输工具，以及用于掩藏走私物品的器械及违法的直接或间接所得，并处相当于私货货值 1 倍及 2 倍罚款。

走私、进口或出口应受欧盟法规管制的军民两用物资，可最长处 5 年拘役并最高处走私货物价值 3 倍罚款。

走私、进口或出口或者有组织地走私主管海关的部长以部长条例列名的对公共健康、道德及安全有害的物品，可最长处 10 年拘役并最高处走私货物价值 5 倍罚款。

《法国海关法典》第 414 条规定的走私罪对象是禁限进出口物品、重税商品。第 412 条第 1 款同时规定，走私、逃避海关监管进口，但有关货物并非禁限进出口物品或其进口既不纳重税，又不征国内消费税，也不是禁限出口或者出口应税商品的，是作为"违反海关法违规行为"没收违法货物并处 150~1,500 欧元罚款。

7.2.4 日本对走私行为的法律责任

日本海关法令中，走私是指未经许可，擅自通过非法途径将货物进出口、未按规定申报、故意欺诈以逃避关税等行为。

处罚：日本海关法第110条规定，"凡属下列各项者，应处以10年以下有期徒刑，或处以1,000万日元以下罚款，或两者并罚。

"一 以虚假或不正当行为获得关税免除或退还的；

"二 对应纳关税的货物采取不正当手段未纳税而进口的。

"通关者以虚假或不正当行为获得关税免除或退还或者对纳关税货物未纳税而进口的，对实施该行为的通关者比照第一款执行。

"以实施前两款犯罪为目的而准备或已经着手实施而未遂的，比照前两款执行。

"前三款犯罪所涉关税或关税退还的金额的10倍。超过1,000万日元的，根据情况前三款中的所处罚款可以超过1,000万日元，但不超过相当于该关税或退还关税金额的10倍。"

7.2.5 韩国对走私行为的法律责任

韩国海关法律中的走私是指违反韩国关税法规定，未经授权或批准，擅自将货物运入或运出韩国海关辖区或违反规定将货物转移、藏匿、隐瞒的行为。

处罚：韩国关税法第269条第2款（走私行为）。

"下列每个人应被处以不超过5年的劳动监禁，或被处以不超过关税金额10倍或相关货物主要成本的罚款，以较高者为准。

"1.未按第241条第1款和第2款或第244条第1款规定提交进口申报而进口货物者。但此规定不适用于根据第253条第1款提交装运申报的人。

"2.进口的货物与根据第241条第1款和第2款或第244条第1款提交的进口申报不同的人。"

7.3 境内外走私行为比较

世界大多数国家（地区）对于走私行为的认定上具有一致性，均是将其作为违反海关监管或者国家管制行为中最严重的一种违法行为进行处罚。

7.3.1 走私行为的法律界定趋同

各国（地区）对于走私行为的定义，有的规定在刑法典中，有的规定在海关法或者关税法中，还有的规定在其他法律法规中，但是基本行为构成要素趋同。例如，法国对走私行为定义为"从非设关地点进口或者出口，以及所有违反有关关境内货物的持有及移动的法律法规行为"；日本将走私行为定义为"未经许可，擅自通过非法途径将货物进出口、未按规定申报或故意欺诈以逃避关税等法定手续"；我国对走私行为定义为"违反海关法及其他有关法律、行政法规规定，逃避海关监管，偷逃应纳税款，逃避国家有关进出境的禁止性或者限制性管理"。概括起来，"非法""逃避监管""进出关境"是其核心要素。因此，《内罗毕公约》对于走私的定义，即"以任何秘密方式将货物运过关境逃避海关监管的违法行为"，更具有宽泛性，能够涵盖多数国家（地区）对走私的定义。

7.3.2 走私对象具有一致性

在走私对象上，各国（地区）都是限于应税品、管制品和违禁品范围之中，例如，《法国海关法典》规定的走私罪对象是禁限进出口物品、重税商品或应征国内消费税的商品；《俄罗斯联邦刑法典》规定走私对象为麻醉物质、精神药物、烈性物质、剧毒物质、有毒物质、爆炸物品、放射性物质、放射源、核材料、火器、爆破装置、弹药、大规模杀伤性武器、大规模杀伤性武器的运输手段、对之规定了穿越俄罗斯联邦海关边界专门规则的其他武器、其他军事装备、对之规定了穿越俄罗斯联邦海关边界专门规则的具有战略意义的原料性商品或文化珍品的，以及商品和其他物质；我国海关法规定走私对象为禁止进出境的货物物品、限制进出境的货物物品、需要缴纳税款的进出口货物物品3种。

7.3.3 走私行为的处罚上有差异

境外对走私行为，特别是走私犯罪的规定上"严而不厉"，即对走私罪的各种行为表现都做了全面的规定，力求做到法网严密，但是对走私罪的处罚并不苛严，剥夺自由的监禁刑用得较少，而更注重财产刑和资格刑的适用，有的国家在刑罚适用时规定可以选择适用。这种"严而不厉"的立法模式较为科学，更能够体现有罪必罚、刑罚预防犯罪和人道主义精神[①]。法国对走私罪处罚最为轻缓，一般走私最高刑期是3个月拘役；韩国关税法规定的最高刑期是5年；日本对违反海关法行为人，可以责令缴纳罚款，就不再对其起诉，只有行为人无力缴纳罚款，或者认为案情需要行为人受到刑事处罚时，才起诉追究其刑事责任。

---

① 陈晖，各国走私犯罪立法比较，上海海关高等专科学校学报，2001（3），58—61。

8

境内外涉税贸易瞒骗法律责任的比较研究

8.1 我国涉税贸易瞒骗的法律责任

涉税贸易瞒骗,是指商业主体在进出口货物申报通关时,用与实际货物不相符的贸易单证,向海关伪报或者瞒报货物涉税要素,达到偷逃税款目的的行为。这种涉税贸易瞒骗行为,在我国目前的《海关法》《刑法》《对外贸易法》等法律框架下,不是独立存在的违法行为,对其没有法律上的单独评价和规定,而是并入走私行为或者走私犯罪中,作为走私行为,依法追究相应的行政法律责任或者刑事法律责任。

8.1.1 贸易瞒骗的行政法律责任

本书所称的贸易瞒骗行为,是商业主体故意逃避海关监管,伪报或者瞒报税收要素,偷逃应纳税款的行为。根据《海关法》第八十二条规定内容,涉税贸易瞒骗行为,应当属于走私行为的范畴。

如果走私行为偷逃税款数额较大,即个人走私偷逃税款人民币10万元以上的,单位走私偷逃税款人民币20万以上的,构成走私犯罪,依法追究刑事责任;如果走私行为偷逃税款没有达到上述起刑点,追究行政法律责任。

故意瞒骗海关、偷逃税款,数额较小的,追究行政法律责任,根据《海关法》第八十二条和《海关行政处罚实施条例》第九条的规定,没收走私货物、物品及违法所得并处偷逃税款3倍以下的罚款。

8.1.2 贸易瞒骗的刑事法律责任

故意瞒骗海关,逃避海关监管,偷逃应纳税款数额较大的,根据《海关法》第八十二条和《刑法》第一百五十三条的规定,构成走私普通货物罪。走私普通货物罪的刑事责任大小,主要取决于偷逃税款多少,偷逃税款越多,刑事责任越重。

《刑法》第一百五十三条的具体规定如下：

"（一）走私货物、物品偷逃应缴税额较大或者一年内曾因走私被给予二次行政处罚后又走私的，处三年以下有期徒刑或者拘役，并处偷逃应缴税额一倍以上五倍以下罚款。

"（二）走私货物、物品偷逃应缴税额巨大或者有其他严重情节的，处三年以上十年以下有期徒刑，并处偷逃应缴税额一倍以上五倍以下罚款。

"（三）走私货物、物品偷逃应缴税额特别巨大或者有其他特别严重情节的，处十年以上有期徒刑或者无期徒刑，并处偷逃应缴税额一倍以上五倍以下罚款或者没收财产。"

《最高人民法院、最高人民检察院关于办理走私刑事案件适用法律若干问题的解释》第十六条、第二十四条分别规定如下：

"走私普通货物、物品，偷逃应缴税额在十万元以上不满五十万元的，应当认定为刑法第一百五十二条第一款规定的'偷逃应缴税额较大'；偷逃应缴税额在五十万元以上不满二百五十万元的，应当认定为'偷逃应缴税额巨大'；偷逃应缴税额在二百五十万元以上的，应当认定为'偷逃应缴税额特别巨大'。"

"单位犯走私普通货物、物品罪，偷逃应缴税额在二十万元以上不满一百万元的，应当依照刑法第一百五十三条第二款的规定，对单位判处罚款，并对其直接负责的主管人员和其他直接责任人员，处三年以下有期徒刑或者拘役；偷逃应缴税额在一百万元以上不满五百万元的，应当认定为'情节严重'；偷逃应缴税额在五百万元以上的，应当认定为'情节特别严重'。"

从以上规定可以看出，我国刑事法律对行为人逃避海关监管、偷逃国家税款的贸易瞒骗行为，主要处罚方式是对行为人实施监禁刑，而且并处经济上的罚款。

在贸易瞒骗偷逃进出口税款方面，对行为人实施监禁刑的刑期较重。个人偷逃进出口税款人民币250万元以上的，单位偷逃进出口税款人民币500万元以上的，对主要责任人员均要处10年以上有期徒刑，最高刑期可达无期徒刑，同时处以偷逃税款1倍以上5倍以下的罚款。

8.2 境外涉税贸易瞒骗的法律责任

各国（地区）对各种贸易瞒骗形式的处罚方式均不尽相同，但有一个共同特征，即对贸易瞒骗行为人的人身监禁刑较轻，对贸易瞒骗主体的经济罚较重。

8.2.1 美国对贸易瞒骗的法律责任

《美国法典》第18卷第542节（以虚假声明方式进境货物）规定："任何人通过任何欺诈性或虚假的发票、声明、宣誓书、信件、文件，或通过任何书面或口头的虚假陈述，或通过任何虚假或欺诈性的做法，将任何商品进口、引入或试图进口、引入美国商业领域；或在没有合理理由相信其真实性的情况下，在任何声明中作出虚假陈述，或促使对任何重要事项作出虚假陈述，无论是否让美国遭受或者可能遭受关税损失；或

"犯有任何故意的行为或疏忽，使美国将会或可能被剥夺该发票、声明、宣誓书、信件、文件或声明中所包含或提及的商品的任何合法关税，或受到该行为或疏忽的影响——

"应就本条下的每项罪行处以罚款或不超过两年的监禁，或两者并罚。

"本条规定不得解释为免除进口商品根据其他法律规定被没收的责任。

"本节中使用的'美国商业'一词不包括与维尔京群岛、美属萨摩亚、威克岛、中途岛、金曼礁、约翰斯顿岛或关岛的商业。"

根据《美国法典》的上述规定，行为人向美国输入货物，采取虚假陈述的方式，瞒骗美国政府的，不管是否导致少缴税款，均可以追究刑事责任，但对行为人最高刑期是2年监禁，或者处以一定数额的罚款，在处以监禁的同时，可以并处罚款。

从前述涉及的美国贸易瞒骗案例中，我们也可以看出，行为人只要实施了虚假陈述或者瞒骗行为，无论结果是否有少缴税款，均可以对行为人进行罚款。如果存在少缴关税，或者逃避反倾销税，经济处罚的数额大小与偷逃税款

的大小成正比，但对行为人的监禁等自由刑，似乎与偷逃税款的多少无关，只与虚假陈述的程度和恶性有关，最高刑期是2年监禁。

8.2.2 英国、欧盟对贸易瞒骗的法律责任

英国海关和消费税管理法（CEMA）第49节第1小节，规定了"没收不当进口货物"的六种情况。其中，第（1）（f）条规定，"与该货物的条目不符"，故意虚假申报进口货物的，应当没收涉案货物。

上述规定，可以理解为以欺骗方式申报进口货物的，可以没收涉案货物，但未见英国相关法律条款对瞒骗进口税款行为人处监禁罚的法律责任进行规定。

《欧盟海关法典》第120条规定："1.除第116条第1款第2项和第117条、第118条和第119条所述情况外，如果海关债务是在特殊情况下产生的，且不能归咎于债务人的欺骗或明显过失，则应本着公平原则偿还或免除进口或出口税。

"如果从案件的情况来看，债务人与从事相同业务的其他经营者相比处于特殊情况，而且在没有这种特殊情况的情形下，他或她不会因收取进口或出口税款而遭受不利影响，则第1款所述的特殊情况应被视为存在。"

根据规定，可以理解为，对行为人涉嫌进出口申报少缴税款的，如果被认定属于欺骗或者明显过失的，应当补缴税款。

8.2.3 日本对贸易瞒骗的法律责任

日本海关法第110条第1项规定，凡属下列各项者，应处以10年以下有期徒刑，或处以1,000万元以下罚款，或两者兼施：以欺诈或其他欺诈行为而逃避关税或获得关税退款的人；以欺诈或其他欺诈行为将应纳关税的货物并未纳税而进口的人。

日本关于贸易瞒骗的法律责任，既有人身监禁罚，也有经济罚，可以分别单独适用，也可以两者并处，对行为人的人身监禁最高刑期是10年，最高罚款

是1,000万日元。在具体案例中，很少见到对行为人处以3年以上监禁的案例。

8.2.4 韩国对贸易瞒骗的法律责任

韩国关税法第270条（对逃避关税的处罚）规定，根据第241条第1款和第2款或第244条第1款提交进口申报的人中，属于以下任何一项的，应处以3年以下有期徒刑，或处以相当于偷逃关税金额5倍或有关货物成本的罚款，以较高者为准。在这种情况下，第1项规定的货物成本应仅解释为相当于对整个货物中的逃税率的货物成本。

韩国关于贸易瞒骗法律责任的上述规定，可以理解为故意欺骗海关偷逃税款的案件，无论偷逃税款的数额有多高，最高刑事责任是3年以下有期徒刑，或者处以关税金额5倍或货物等值的罚款。也就是说，3年以下有期徒刑与罚款，是可以选择性适用的，而不是并处。如果适用罚款，就可以不适用对行为人的人身监禁；如果适用对行为人的人身监禁，就不适用罚款。

韩国对贸易瞒骗的罚款为偷逃关税金额的5倍，如果选择了罚款，事后又无力缴纳罚款的，在实际案例中可以将被告人留置到劳役场进行劳动，每天劳役场约抵20万韩元罚款。

8.2.5 新加坡对贸易瞒骗的法律责任

新加坡海关法第128条规定，任何人以任何方式参与欺诈性规避或试图欺诈性规避任何关税或消费税的行为，均属犯罪。任何人犯了第128（1）、128A（1）、128B（1）或128C条规定的罪行，一经定罪，可处以不超过10,000美元的罚款，或相当于应缴关税、消费税的数额，以数额较大者为准，或处以不超过12个月的监禁，或同时处以这两种处罚。

根据新加坡海关法的上述规定，进出口货物，瞒骗海关偷逃税款的，构成犯罪，对行为人处以不超过12个月的监禁，或者处偷逃税款1倍的罚款，可以两者并处。在实际案例中，偷逃税款数额巨大的，大多是几个月监禁和罚款并处，偷逃税款数额较小的，大多是单处罚款，对行为人不处监禁。

8.3 境内外不同涉税贸易瞒骗的法律责任比较

商业主体在进出口活动中，向海关提供虚假贸易单证，例如虚假的合同文件、商业发票、装箱单、舱单和原产地证书等，实施了贸易瞒骗。瞒骗的后果和目的，可能是偷逃货物进出口的税款，也可能是逃避国家对某些特殊货物的贸易管制。本书仅讨论贸易瞒骗偷逃税款的情形，贸易瞒骗偷逃税款的方式主要有：伪报价格或者数量，以少缴税款；伪报货物品名或者商品编码，骗取以较低税率缴纳税款；伪报进口货物原产地，骗取优惠税率或者逃避反倾销税等。

对上述各种涉税贸易瞒骗的违法行为，各国（地区）法律法规都规定有不同的法律责任。

8.3.1 伪报价格的法律责任

行为人伪报进出口货物的价格或者数量，主要目的是少缴税款，但在实施瞒骗过程中，必然采取各种瞒骗的措施，例如向海关提供虚假的商业发票、伪造合同文件等，各国（地区）法律对这种少缴税款的结果和虚假瞒骗的行为，在法律上均给予以综合考虑，不但要考虑行为方式，也要考虑偷逃税款的后果。

根据美国法律，对进出口贸易中虚假陈述行为，可以处最高 2 年的监禁，或者一定数额的罚款，或者两者并施，但对偷逃税款的结果，在大多数案例中体现为补缴税款，并处相应的罚款。其他国家（地区）的法律，对低报价格或者少报数量偷逃税款的行为，大多数也是刑事犯罪和行政罚款选择性适用，或者并用。例如新加坡、日本是刑事责任和行政罚款并用。新加坡的最高刑期只有 12 个月，主要是针对欺骗行为实施的，而对偷逃税款的后果，可以处 1 倍的罚款。日本的最高刑期是 10 年，可以并处 1,000 万元以下的罚款。韩国的刑事责任和行政罚款是选择性适用，或者处 3 年以下监禁，或者处关税 5 倍以下的罚款。欧盟，对贸易瞒骗偷逃税款的行为，未见刑事责任的规定和案例，只有补税或者罚款。

我国低报价格或者少报数量的行为，只要行为人具有主观故意低报价格或者少报数量，并实施了伪报或者瞒报的措施或者行为，就应当根据《刑法》第一百五十三条的规定，以走私普通货物罪追究走私犯罪的刑事责任，最高刑期是无期徒刑。

我国相关刑事法律对低报价格或者少报数量的法律责任规定、判处刑期大小，主要决定于偷逃税款的数额大小，偷逃税款人民币 250 万元以上的个人犯罪，法定刑期是 10 年以上有期徒刑。低报价格偷逃税款人民币 500 万元以上的单位犯罪，对主管责任人员的法定刑期也是 10 年以上有期徒刑。除了对行为人处上述监禁刑外，还应当对单位或者个人并处偷逃税款 1 倍以上 5 倍以下的罚款。

8.3.2　伪报货物品名或者商品编码的法律责任

商业主体进口 A 商品，向海关申报时故意伪报为 B 商品，可能有两种目的：一种目的是将禁止或者限制进出口的商品运输进出境；另一种目的是将高税率的商品申报为低税率的商品，以期少缴税款，这也是一种贸易瞒骗方式。如果瞒骗结果导致违禁品进出境，可能构成走私犯罪；瞒骗目的如果仅仅是少缴税款，则与低报价格、少报数量的结果是一样的，一些国家（地区）规定的法律责任与低报价格也是一样的。

我国对伪报货物名称少缴税款的行为，只要行为人具有主观故意，并利用虚假贸易单证，将 A 货物故意申报为 B 货物，导致偷逃税款的，就应当根据《刑法》第一百五十三条的规定，以走私普通货物罪追究刑事责任，最高刑期是无期徒刑。判处刑期大小，主要决定于偷逃税款的数额大小，与伪报、瞒报的行为方式没有直接关系，具体的法律规定，参见前述 8.1.2。

8.3.3　伪报原产地的法律责任

世界各国（地区）之间或者各经济体之间，有很多自由贸易协定（FTA）。

签订自由贸易协定的国家（地区）或者经济体之间，进出口货物可以相互享受优惠的协定税率，但 FTA 相关货物进口时，应当向进口地海关提交原产地证书。如果商业主体向海关提交伪造的原产地证书，或者提交了以不正当途径获取的原产地证书，以欺诈方式将非优惠货物原产地申报为优惠货物原产地，可能导致两种不同的后果：一种是逃避了应征关税，另一种是逃避了反倾销税。无论何种后果，都是贸易瞒骗。各国（地区）法律对伪报原产地的瞒骗或者欺诈行为，与低报价格、少报数量的瞒骗行为，从法律规定或者案例上看，处罚方式基本是相同的。

我国法律对伪报原产地的瞒骗行为，导致偷逃进口税款或者逃避反倾销税的，都是根据《刑法》第一百五十三条规定的走私普通货物罪处理，最高刑期是无期徒刑，偷逃税款人民币 250 万元以上的个人，或者偷逃税款人民币 500 万元以上的单位犯罪主要责任人员，都可以被处 10 年以上有期徒刑。具体的法律规定，参见前述 8.1.2。

8.3.4　我国贸易瞒骗与逃税罪法律责任的比较

我国《刑法》第二百零一条规定了逃税罪。纳税人采取欺骗、隐瞒手段进行虚假纳税申报或者不申报，逃避缴纳税款的，是逃税罪。无论偷逃税款如何巨大，《刑法》规定逃税罪的最高刑期只有 7 年；如果当事人补缴应纳税款，缴纳滞纳金，已受行政处罚的，可以不予追究刑事责任。也就是说，逃税罪可以"以罚代刑"，可以用"补税 + 罚款"代替刑事责任，属于选择性适用。但是，《刑法》第一百五十三条的走私普通货物罪，当事人进出口货物，采取瞒骗手段向海关申报偷逃税款的，少缴税款人民币 250 万元以上的，处 10 年以上有期徒刑，最高刑期可达无期徒刑，而且不能实施"以罚代刑"，不能选择性适用，只能并处。

《刑法》第二百零一条和第一百五十三条对同样是偷逃税款的两个行为，规定了不同的法律责任，存在差异，应当引起重视和关注。

附录

1. 美国法律原文及翻译节选

《美国法典》第 19 卷第 1592 节

法律原文	翻译
(a) Prohibition. (1) General rule. Without regard to whether the United States is or may be deprived of all or a portion of any lawful duty, tax, or fee thereby, no person, by fraud, gross negligence, or negligence— (A) may enter, introduce, or attempt to enter or introduce any merchandise into the commerce of the United States by means of—(i) any document or electronically transmitted data or information, written or oral statement, or act which is material and false, or(ii) any omission which is material, or (B) may aid or abet any other person to violate subparagraph (A). (2) Exception. Clerical errors or mistakes of fact are not violations of paragraph (1) unless they are part of a pattern of negligent conduct. The mere nonintentional repetition by an electronic system of aninitial clerical error does not constitute a pattern of negligent conduct.	（a）禁止。 （1）一般性原则。无论美国是否或可能会被侵占全部或部分合法关税、其他税收或费用，任何人都不得通过欺诈、重大过失或疏忽的方式—— （A）将任何商品进口、引入或试图引入美国商业领域（ⅰ）任何文件或电子传输的数据或信息、书面或口头声明或实质虚假陈述，或（ⅱ）任何重要的遗漏；或 （B）帮助或教唆其他人违反（A）项。 （2）例外。笔误或事实错误不属于违反第（1）项，除非是属于疏忽行为的一部分。电子系统非故意地重复最初的文书错误并不构成疏忽行为。

法律原文	翻译
(b) Procedures. (1) Pre-penalty notice. (A) In general. If the Customs Service has reasonable cause to believe that there has been a violation of subsection (a) and determines that further proceedings are warranted, it shall issue to the person concerned a written notice of its intention to issue a claim for a monetary penalty. Such notice shall— (i) describe the merchandise; (ii) set forth the details of the entry or introduction, the attempted entry or introduction, or the aiding or procuring of the entry or introduction; (iii) specify all laws and regulations allegedly violated; (iv) disclose all the material facts which establish the alleged violation; (v) state whether the alleged violation occurred as a result of fraud, gross negligence, or negligence; (vi) state the estimated loss of lawful duties, taxes, and fees if any, and, taking into account all circumstances, the amount of the proposed monetary penalty; and (vii) inform such person that he shall have a reasonable opportunity to make representations, both oral and written, as to why a claim for a monetary penalty should not be issued in the amount stated.	（b）程序。 （1）处罚前通知。 （A）一般而言，如果海关有合理理由相信存在违反第a款的行为，并确定有必要采取进一步的诉讼程序，则应向有关人员发出书面通知，说明拟罚款要求。该通知须—— （i）描述商品； （ii）列明进入或引进、企图进入或引进、协助或促成进入或引进的细节； （iii）详细说明涉嫌违反的所有法律和法规； （iv）披露证明涉嫌违规的所有重要事实； （v）说明所指控的违规行为是否因欺诈、重大过失或疏忽而发生； （vi）说明合法关税、税款和费用（如有）的预计损失，并在考虑所有情况后，说明拟议的罚款金额；和 （vii）通知当事人，其应有合理的机会以口头和书面形式就为何不应以所述金额提出罚款要求作出陈述。

法律原文	翻译
(B) Exceptions. The preceding subparagraph shall not apply if— (i) the importation with respect to which the violation of subsection (a) occurs is noncommercial in nature, or (ii) the amount of the penalty in the penalty claim issued under paragraph (2) is $1,000 or less. (2) Penalty claim. After considering representations, if any, made by the person concerned pursuant to the notice issued under paragraph (1), the Customs Service shall determine whether any violation of subsection (a), as alleged in the notice, has occurred. If the Customs Service determines that there was no violation, it shall promptly issue a written statement of the determination to the person to whom the notice was sent. If the Customs Service determines that there was a violation, it shall issue a written penalty claim to such person. The written penalty claim shall specify all changes in the information provided under clauses (i) through (vi) of paragraph (1)(A). Such person shall have a reasonable opportunity under section 618 of this Act [19 USCS § 1618] to make representations, both oral and written, seeking remission or mitigation of the monetary penalty. At the conclusion of any proceeding under such section 618 [19 USCS § 1618], the Customs Service	（B）例外情况。如果—— （i）违反第 a 款的进口行为是非商业性质的，或 （ii）根据第（2）项发出的罚款申索中的罚款金额为 1,000 美元或更少。 （2）处罚要求。 在考虑有关人员根据第（1）项发出的通知作出的陈述（如有）后，海关应确定是否发生了通知中指称的违反第 a 款的行为。 海关认定不存在违法行为的，应当及时向被通知人出具书面认定书。海关认定有违法行为的，应当向当事人出具书面处罚通知书。 书面处罚声明应详细说明根据第（1）项（A）(i) 至 (vi) 提供的信息的所有更改。根据本法第 618 节［19 USCS § 1618］，此人应有合理的机会作出口头和书面陈述，寻求减轻或减轻罚款。 在根据此类第 618 节［19 USCS § 1618］进行的任何程序

法律原文	翻译
shall provide to the person concerned a written statement which sets forth the final determination and the findings of fact and conclusions of law on which such determination is based.	结束时，海关服务应向有关人员提供一份书面声明，说明最终裁决以及该裁决所依据的事实调查结果和法律结论。
(c) Maximum penalties. (1) Fraud. A fraudulent violation of subsection (a) is punishable by a civil penalty in an amount not to exceed the domestic value of the merchandise. (2) Gross negligence. A grossly negligent violation of subsection (a) is punishable by a civil penalty in an amount not to exceed— (A) the lesser of—(i) the domestic value of the merchandise, or(ii) four times the lawful duties, taxes, and fees of which the United States is or may be deprived, or (B) if the violation did not affect the assessment of duties, 40 percent of the dutiable value of the merchandise. (3) Negligence. A negligent violation of subsection (a) is punishable by a civil penalty in an amount not to exceed— (A) the lesser of—(i) the domestic value of the merchandise, or(ii) two times the lawful duties, taxes, and fees of which the United States is or may be deprived, or (B) if the violation did not affect the assessment of duties, 20 percent of the dutiable value of the merchandise.	（c）最高处罚。 （1）欺诈。违反第 a 款的欺诈行为将受到民事处罚，金额不超过商品的国内价值。 （2）重大过失。由于重大过失违反第 a 款的行为将受到民事处罚，金额不超过： （A）(i) 商品的国内价值，或 (ii) 美国被剥夺或可能被剥夺的合法关税、税款和费用的 4 倍，或 （B）如果违规行为不影响关税评估，则为商品应纳税价值的 40%。 （3）疏忽。违反第 a 款的疏忽行为将受到民事处罚，金额不超过： （A）(i) 商品的国内价值，或 (ii) 美国被剥夺或可能被剥夺的合法关税、税款和费用的 2 倍，或 （B）如果违规行为不影响关税评估，则为商品应纳税价值的 20%。

《美国法典》第 18 卷第 541 节～第 545 节

法律原文	翻译
§ 541. Entry of goods falsely classified Whoever knowingly effects any entry of goods, wares, or merchandise, at less than the true weight or measure thereof, or upon a false classification as to quality or value, or by the payment of less than the amount of duty legally due, shall be fined under this title or imprisoned not more than two years, or both.	第 541 节 虚假分类的货物入境 任何人在知情的情况下，以低于真实重量或尺寸，或以虚假的质量或价值，或以低于法定应缴税额的方式进行货物或商品的入境，应根据本条被罚款或被处以不超过两年监禁，或两者并罚。
§ 542. Entry of goods by means of false statements Whoever enters or introduces, or attempts to enter or introduce, into the commerce of the United States any imported merchandise by means of any fraudulent or false invoice, declaration, affidavit, letter, paper, or by means of any false statement, written or verbal, or by means of any false or fraudulent practice or appliance,or makes any false statement in any declaration without reasonable cause to believe the truth of such statement, or procures the making of any such false statement as to any matter material thereto without reasonable cause to believe the truth of such statement, whether or not the United States shall or may be deprived of any lawful duties; or Whoever is guilty of any willful act or omission whereby the United States shall or may	第 542 节 以虚假声明方式进境货物 任何人通过任何欺诈性或虚假的发票、声明、宣誓书、信件、文件，或通过任何书面或口头的虚假陈述，或通过任何虚假或欺诈性的做法，将任何商品进口、引入或试图进口、引入美国商业领域；或在没有合理理由相信其真实性的情况下，在任何声明中作出虚假陈述，或促使对任何重要事项作出虚假陈述，无论是否让美国遭受或者可能遭受关税损失；或 犯有任何故意的行为或疏忽，使美国将会或可能被剥夺该发

法律原文	翻译
be deprived of any lawful duties accruing upon merchandise embraced or referred to in such invoice, declaration, affidavit, letter, paper, or statement, or affected by such act or omission— Shall be fined for each offense under this title or imprisoned not more than two years, or both. Nothing in this section shall be construed to relieve imported merchandise from forfeiture under other provisions of law. The term "commerce of the United States", as used in this section, shall not include commerce with the Virgin Islands, American Samoa, Wake Island, Midway Islands, Kingman Reef, Johnston Island, or Guam.	票、声明、宣誓书、信件、文件或声明中所包含或提及的商品的任何合法关税，或受到该行为或疏忽的影响—— 应就本节下的每项罪行处以罚款或不超过两年的监禁，或两者并罚。 本节规定不得解释为免除进口商品根据其他法律规定被没收的责任。 本节中使用的"美国商业"一词不包括与维尔京群岛、美属萨摩亚、威克岛、中途岛、金曼礁、约翰斯顿岛或关岛的商业。
§ 543. Entry of goods for less than legal duty Whoever, being an officer of the revenue, knowingly admits to entry, any goods, wares, or merchandise, upon payment of less than the amount of duty legally due, shall be fined under this title or imprisoned not more than two years, or both, and removed from office.	**第 543 节　低于法定关税的货物入境** 任一税务官员，在支付的税款低于合法应缴税款的情况下，故意允许任何货物或商品入境的，应根据本条被处以罚款或被处以不超过两年监禁，或两者并罚，并被免职。
§ 544. Relanding of goods If any merchandise entered or withdrawn for exportation without payment of the duties thereon, or with intent to obtain a drawback of the duties paid, or of any other allowances given by law on	**第 544 节　货物的复上岸** 如果任何商品在未支付关税的情况下进入美国或不再出口，或意图获得已付关税的退税，或法律规定的任何其他出口补贴，

法律原文	翻译
the exportation thereof, is relanded at any place in the United States without entry having been made, such merchandise shall be considered as having been imported into the United States contrary to law, and each person concerned shall be fined under this title or imprisoned not more than two years, or both; and such merchandise shall be forfeited. The term "any place in the United States", as used in this section, shall not include the Virgin Islands, American Samoa, Wake Island, Midway Islands, Kingman Reef, Johnston Island, or Guam.	在美国任何地方重新上岸而没有申报，这种商品应被视为违法进口到美国，每个有关人员均应根据本条被处以罚款或处以不超过两年监禁，或两者并罚；涉及商品应被没收。 本节中使用的"美国境内任何地方"一词，不包括维尔京群岛、美属萨摩亚、威克岛、中途岛、金曼礁、约翰斯顿岛或关岛。
§ 545. Smuggling goods into the United States Whoever knowingly and willfully, with intent to defraud the United States, smuggles, or clandestinely introduces or attempts to smuggle or clandestinely introduce into the United States any merchandise which should have been invoiced, or makes out or passes, or attempts to pass, through the customhouse any false, forged, or fraudulent invoice, or other document or paper; or Whoever fraudulently or knowingly imports or brings into the United States, any merchandise contrary to law, or receives, conceals, buys, sells, or in any manner facilitates the transportation, concealment, or sale of such merchandise after importation, knowing the same to have been imported or brought into the United States contrary	第 545 节　向美国走私货物罪 有意和故意欺骗美国的任何人，实际或企图走私或秘密将任何本应开具发票的商品带入美国，或制作、通过或企图向海关递交任何虚假、伪造或欺诈的发票或其他文件；或 任何人欺诈或故意违反法律进口或携带任意商品进入美国，或在明知该等商品是违反法律进口的情况下，在进口后接受、隐藏、购买、出售或以任何方式便利运输、隐藏或出售该等商品——

法律原文	翻译
to law—	
Shall be fined under this title or imprisoned not more than 20 years, or both.	应根据本节处以罚款或不超过 20 年监禁，或两者兼施。
Proof of defendant's possession of such goods, unless explained to the satisfaction of the jury, shall be deemed evidence sufficient to authorize conviction for violation of this section.	除非被告拥有陪审团满意的证据，否则应被视为足以授权对违反本节规定的行为进行定罪。
Merchandise introduced into the United States in violation of this section, or the value thereof, to be recovered from any person described in the first or second paragraph of this section, shall be forfeited to the United States.	违反本节规定进入美国的商品或其钱款，应从本节第一段或第二段所述的当事人处收回，交给国家。
The term "United States", as used in this section, shall not include the Virgin Islands, American Samoa, Wake Island, Midway Islands, Kingman Reef, Johnston Island, or Guam.	本节中使用的"美国"一词，不包括维尔京群岛、美属萨摩亚、威克岛、中途岛、金曼礁、约翰斯顿岛或关岛。

2. 英国法律原文及翻译节选

海关与消费税管理法

法律原文	翻译
49 Forfeiture of goods improperly imported. (1) Where— (a) except as provided by or under the Customs and Excise [F282 Acts 1979 or by or under the Taxation (Cross-border Trade) Act 2018, any imported goods, being goods chargeable by reference to] their	第 49 条　没收不当进口的货物。 （1）凡—— （a）除 1979 年海关及消费税（F282 法令）及 2018 年税务（跨境贸易）法令或根据该法令另有规定外，任何进口货物，如属于

法律原文	翻译
importation with customs or excise duty, are, without payment of that duty— (i) unshipped in any port, (ii) unloaded from any aircraft in the United Kingdom, (iii) [F283 unloaded from any other vehicle which has entered the United Kingdom, or] (iv) removed from their place of importation or from any approved wharf, examination station or [F284 temporary storage facility or any place specified by an officer of Revenue and Customs under Part 1 of the Taxation (Cross-border Trade) Act 2018 as a place where the goods are required to be kept]; or (b) any goods are imported, landed or unloaded contrary to any prohibition or restriction for the time being in force with respect thereto under or by virtue of any enactment; or (c) any goods, being goods chargeable with any duty or goods the importation of which is for the time being prohibited or restricted by or under any enactment, are found, whether before or after the unloading thereof, to have been concealed in any manner on board any ship or aircraft or, while in Northern Ireland, in [F285 any other vehicle]; or (d) any goods are imported concealed in a container holding goods of a different description; or	应缴进口征收关税或消费税却未缴纳的情况下—— （ⅰ）在港口卸下船， （ⅱ）从英国的任何飞机卸下， （ⅲ）[F283 从已进入英国的任何其他车辆卸下，或] （ⅳ）从其进口地或任何经批准的码头、检查站或 [F284 临时储存设施或税务和海关官员根据2018年税务（跨境贸易）法第1部分指定的任何需要存放货物的地方移走]；或者 （b）任何货物的进口、装运或卸载违反当时有效的任何成文法禁令或限制；或者 （c）任何货物，即应课税的货物或当其时受任何成文法则或根据任何成文法则禁止或限制进口的货物，无论在卸货之前或之后，被发现以任何方式隐藏在任何船舶或飞机上，或在北爱尔兰时隐藏在 [F285 任何其他车辆] 中；或者 （d）任何进口货品是隐藏在盛载不同货品的货柜内；或

法律原文	翻译
(e) [F286 any goods are found, whether before or after being released to or discharged from a Customs procedure, not to correspond with any information provided under Part 1 of the Taxation (Cross-border Trade) Act 2018;]	（e）[F286发现任何货物，无论是在海关程序放行或放行之前还是之后，都不符合2018年《税收（跨境贸易）法》第1部分提供的任何信息；]
(f) any imported goods are concealed or packed in any manner appearing to be intended to deceive an officer, those goods shall, subject to subsection (2) below, be liable to forfeiture.	（f）以任何看来是意图欺骗人员的方式隐藏或包装任何进口货品，除下文第（2）款另有规定外，这些货物应被没收。
(2) Where any goods, the importation of which is for the time being prohibited or restricted by or under any enactment, are on their importation either—	（2）如果任何货物，其进口在当时受到或根据任何法律禁止或限制，并且正在进口——
(a) declared as intended for exportation in the same vehicle,	（a）声明打算在同一车辆中出口，
(b) declared for a transit procedure or a storage procedure, or	（b）申报过境程序或储存程序，或
(c) are otherwise to be warehoused for exportation or for use as stores,	（c）以其他方式储存以供出口或用作仓库，
the Commissioners may, if they see fit, permit the goods to be dealt with accordingly.	专员如认为合适，可准许货品作相应处理。

3. 欧盟法律原文及翻译节选

《欧盟海关法典》

自 2016 年 5 月 1 日起，欧洲议会和理事会第 952/2013 号（EU）《欧盟海关法典》生效，该法取代了第 2913/92 号（EEC）《欧共体海关法》。原《欧共体海关法》中的第 239 条被《欧盟海关法典》中的第 120 条取代。

法律原文	翻译
REGULATION (EU) No 952/2013 Article 120 **Equity** 1.In cases other than those referred to in the second subparagraph of Article 116(1) and in Articles 117, 118 and 119 an amount of import or export duty shall be repaid or remitted in the interest of equity where a customs debt is incurred under special circumstances in which no deception or obvious negligence may be attributed to the debtor. 2.The special circumstances referred to in paragraph 1 shall be deemed to exist where it is clear from the circumstances of the case that the debtor is in an exceptional situation as compared with other operators engaged in the same business, and that, in the absence of such circumstances, he or she would not have suffered disadvantage by the collection of the amount of import or export duty.	《欧盟海关法典》第 120 条 公平 1. 除第 116 条第 1 款第 2 项和第 117 条、第 118 条和第 119 条所述情况外，如果海关债务是在特殊情况下产生的，且不能归咎于债务人的欺骗或明显过失，则应本着公平原则偿还或免除进口或出口税。 2. 如果从案件的情况来看，债务人与从事相同业务的其他经营者相比处于特殊情况，而且在没有这种特殊情况的情形下，他或她不会因收取进口或出口税款而遭受不利影响，则第 1 款所述的特殊情况应被视为存在。

《欧盟海关法典实施条例》

自 2015 年 7 月 28 日起，欧盟委员会授权法规第 2015/2446 号条例生效，补充第 952/2013 号《欧盟海关法典》某些条款的详细规则，该条例的第 98~102 条取代了原第 2454/93 号《欧共体海关法实施条例》的第 905~909 条。

法律原文	翻译
TITLE III CUSTOMS DEBT AND GUARANTEES—— CHAPTER 3 Recovery and payment of duty and repayment and remission of the amount of	第三卷　海关债务和担保—— 第三章　税款的收回和支付以及进出口关税的偿还和减免——

法律原文	翻译
import and export duty—— Section3 Repayment and remission —— Subsection2 Decisions to be taken by the Commission **Article 98** Transmission of the file to the Commission for a decision (Article 116(3) of the Code) 1.The Member State shall notify the person concerned of their intention to transmit the file to the Commission before the transmission and give to the person concerned 30 days to sign a statement certifying that he has read the file and stating that he has nothing to add or listing all the additional information that he considers should be included. Where the person concerned does not provide that statement within those 30 days, the person concerned shall be deemed to have read the file and to have nothing to add. 2. Where a Member State transmits a file to the Commission for decision in the cases referred to Article 116(3) of the Code, the file shall include at least the following: (a) a summary of the case; (b) detailed information establishing that the conditions referred to in Article 119 or Article 120	第3节 偿还和减免—— 第2小节 委员会应作出的决定 第98条 将档案转交委员会以作决定 ［对应《欧盟海关法典》第116条第3款］ 1. 成员国应在传送文件前通知委员会，并给予相关人员30天时间签署一份声明，证明其已阅读该文件，并说明无需再添加或补充信息。如果相关人员未在30天内提供该声明，则被视为已阅读该文件，无需补充。 2. 如果成员国在《欧盟海关法典》第116条（3）款所述情况下向委员会提交文件供其决定，则该文件应至少包括以下内容： （a）案件摘要； （b）详细信息，证明《欧盟海关法典》第119条或第120条

法律原文	翻译
of the Code, are fulfilled; (c) the statement referred to in paragraph 1 or a statement by the Member State certifying that the person concerned is deemed to have read the file and to have nothing to add. 3.The Commission shall acknowledge receipt of the file to the Member State concerned as soon as it has received it. 4.The Commission shall make available to all Member States a copy of the summary of the case referred to in paragraph 2(a) within 15 days from the date on which it received the file. 5.Where the information transmitted by the Member State is not sufficient for the Commission to take a decision, the Commission may request additional information from the Member State. 6. The Commission shall return the file to the Member State and the case shall be deemed never to have been submitted to the Commission in any of the following cases: (a) the file is obviously incomplete since it contains nothing that would justify its consideration by the Commission; (b) under the second subparagraph of Article 116(3) of the Code, the case should not have been submitted to the Commission; (c) the Member State has transmitted to the Commission new information of a nature to alter substantially the presentation of the facts or the	得到满足； （c）第1段所述的声明或证明相关人员被视为已阅读该文件，无须添加任何内容。 3.委员会应在收到文件后尽快与有关成员国确认。 4.委员会应在收到文件之日起15天内向所有成员国提供第2（a）段所述案件摘要的副本。 5.如果成员国提供的信息不足以使委员会作出决定，委员会可要求成员国提供更多信息。 6.委员会应将档案退回给成员国，在下列情况下，该案应被视为从未提交给委员会： （a）档案显然是不完整的，因为没有包含任何可以为委员会审议提供证明的内容。 （b）根据《欧盟海关法典》第116条第（3）款第二部分，该案不应被提交给委员会。 （c）在委员会仍在审议该案时，该成员国已向委员会转交了新的信息，对事实的陈述或对该

法律原文	翻译
legal assessment of the case while the Commission is still considering the file.	案的法律评估作了重大改变。
Article 99 Right for the person concerned to be heard (Article 116(3) of the Code) 1.Where the Commission intends to take an unfavourable decision in the cases referred to Article 116(3) of the Code, it shall communicate its objections to the person concerned in writing, together with a reference to all the documents and information on which it bases those objections. The Commission shall inform the person concerned of his right to have access to the file. 2. The Commission shall inform the Member State concerned of its intention and the sending of the communication as referred to in paragraph 1. 3.The person concerned shall be given the opportunity to express his point of view in writing to the Commission within a period of 30 days from the date on which he has received the communication referred to in paragraph 1.	第99条 当事人的陈述权 ［对应《欧盟海关法典》第116条第（3）款］ 1. 如果委员会打算在《欧盟海关法典》第116条第（3）款所述的情况下作出不利决定，则委员会应将其反对意见以书面形式通知有关人员，并附上其反对意见所依据的所有文件和资料。委员会应通知有关人员其有权查阅档案。 2. 委员会应向有关成员国告知其意图和第1款所述信函的发送。 3. 有关人员应有机会在收到第1款所述来文之日起30天内向委员会递交书面文件表达其观点。
Article 100 Time-limits (Article 116(3) of the Code) 1. The Commission shall decide whether or not repayment or remission is justified within nine	第100条 时限 ［对应《欧盟海关法典》第116条第（3）款］ 1. 委员会应在收到第98条第（1）款所述文件之日起九个月内

法律原文	翻译
months from the date on which it has received the file referred to in Article 98(1).

2. Where the Commission has found it necessary to request additional information from the Member State as laid down in

Article 98(5), the period referred to in paragraph 1 shall be extended by the same period of time as the period between the date on which the Commission sent the request for additional information and the date on which it received that information. The Commission shall notify the person concerned of the extension.

3. Where the Commission conducts investigations in order to take a decision, the period referred to in paragraph 1 shall be extended by the time necessary to complete the investigations. Such an extension shall not exceed nine months. The Commission shall notify the Member State and the person concerned of the dates on which investigations are initiated and closed.

4. Where the Commission intends to take an unfavourable decision as referred to in Article 99(1), the period referred to in paragraph 1 shall be extended by 30 days. | 决定是否有理由偿还或返还。

2. 如果委员会认为有必要按照第 98 条第（5）款的规定要求成员国补充信息，则第 1 款所述期限应延长，与委员会发出补充信息请求之日至收到该信息之日之间的期限相同。委员会应将延期通知相关人员。

3. 如果委员会为作出决定而进行调查，则第 1 款所述期限应延长完成调查所需的时间。延期不得超过九个月。委员会应将调查开始和结束的日期通知成员国和相关人员。

4. 如果委员会打算作出第 99 条第（1）款所述的不利决定，则第 1 款所述的期限应延长 30 天。 |
| **Article 101**

Notification of the decision

(Article 116(3) of the Code)

1. The Commission shall notify the Member State concerned of its decision as soon as possible | 第 101 条

决定通知

［对应《欧盟海关法典》第 116 条第（3）款］

1. 委员会应尽快将其决定通知相关成员国，无论如何均应在 |

法律原文	翻译
and in any event within 30 days of the expiry of the period specified in Article 100(1). 2. The customs authority competent to take the decision shall issue a decision on the basis of the Commission's decision notified in accordance with paragraph 1. The Member State to which the customs authority competent to take the decision belongs shall inform the Commission accordingly by sending to it a copy of the decision concerned. 3. Where the decision in the cases referred to Article 116(3) of the Code is favourable to the person concerned, the Commission may specify the conditions under which the customs authorities are to repay or remit duty in cases involving comparable issues of fact and of law.	第100（1）条规定的期限届满后30天内通知。 2. 有权作出决定的海关当局应根据第1款通知的委员会决定发布决定。 有权作出决定的海关当局所属的成员国应向委员会发送一份有关决定的副本，并告知委员会。 3. 如果《欧盟海关法典》第116条第（3）款所述案件中的决定对相关人员有利，委员会可规定海关当局在涉及类似事实和法律问题的案件中缴纳或免除关税的条件。
Article 102 Consequences of a failure to take or notify a decision (Article 116(3) of the Code) If the Commission does not take a decision within the time-limit provided for in Article 100, or does not notify a decision to the Member State in question within the time-limit provided for in 101(1), the customs authority competent to take the decision shall take a decision favourable to the person concerned.	第102条 未能作出或通知决定的后果 ［对应《欧盟海关法典》第116条第（3）款］ 如果委员会未在第100条规定的期限内作出决定，或未在第101条第（1）款规定下通知，有权作出决定的海关当局应作出有利于相关人员的决定。

4. 韩国法律原文及翻译节选

关税법 [1]

法律原文	翻译
제241조 (수출수입 또는 반송의 신고) ① 물품을 수출수입 또는 반송하려면 해당 물품의 품명규격수량 및 가격과 그 밖에 대통령령으로 정하는 사항을 세관장에게 신고하여야 한다. ② 다음 각 호의 어느 하나에 해당하는 물품은 대통령령으로 정하는 바에 따라 제1항에 따른 신고를 생략하게 하거나 관세청장이 정하는 간소한 방법으로 신고하게 할 수 있다. <개정 2014.12.23.> 1. 휴대품탁송품 또는 별송품 2. 우편물 3. 제91조부터 제94조까지, 제96조제1항 및 제97조제1항에 따라 관세가 면제되는 물품 4. 국제운송을 위한 컨테이너(별표 관세율표 중 기본세율이 무세인 것으로 한정한다)	第241条（关于出口、进口或退货的申报） ①任何打算出口、进口或退货的人，应向海关负责人申报相关货物的名称、标准、数量和价格，以及总统令规定的其他事项。 ②属于下列任何一项的货物可以根据第1款免于申报，或按总统令规定的简化方式申报，由海关总署署长规定。〈2014.12.23修订〉 1.手提或单独托运的货物 2.邮件 3.根据第91至94条、第96条第1款和第97条第1款规定免征关税的货物 4.用于国际运输的集装箱（仅限于附件税则中基本税率为零的集装箱）。
제269조 (밀수출입죄) ① 제234조 각 호의 물품을 수출하거나 수입한 자는 7년 이하의 징역 또는 7천만원	第269条（走私行为） ①任何人，如果出口或进口第234条各项中提到的任何货

---

[1] 附录所列韩国关税法具体法条中，除特别标注外，其余都为现行版本法条，前述案例所适用版本法条与现行法条无实质性修改。

法律原文	翻译
이하의 벌금에 처한다.＜개정 2014.12.23.＞ ② 다음 각 호의 어느 하나에 해당하는 자는 5년 이하의 징역 또는 관세액의 10배와 물품원가 중 높은 금액 이하에 상당하는 벌금에 처한다. 1. 제241조제1항제2항 또는 제244조제1항에 따른 신고를 하지 아니하고 물품을 수입한 자. 다만, 제253조제1항에 따른 반출신고를 한 자는 제외한다. 2. 제241조제1항제2항 또는 제244조제1항에 따른 신고를 하였으나 해당 수입물품과 다른 물품으로 신고하여 수입한 자 ③ 다음 각 호의 어느 하나에 해당하는 자는 3년 이하의 징역 또는 물품원가 이하에 상당하는 벌금에 처한다. 1. 제241조제1항 및 제2항에 따른 신고를 하지 아니하고 물품을 수출하거나 반송한 자 2. 제241조제1항 및 제2항에 따른 신고를 하였으나 해당 수출물품 또는 반송물품과 다른 물품으로 신고하여 수출하거나 반송한 자	物，应处以不超过7年的有期徒刑，或处以不超过7,000万韩元的罚款。 ②下列每个人应被处以不超过5年的有期徒刑，或被处以不超过关税金额10倍或相关货物主要成本的罚款，以较高者为准。 1. 未按第241条第1款和第2款或第244条第1款规定提交进口申报而进口货物者。但此规定不适用于根据第253条第1款提交装运申报的人。 2. 进口货物与根据第241条第1款和第2款或第244条第1款提交进口申报的货物不同的人。 ③下列每个人都应被处以不超过3年的有期徒刑，或被处以相当于相关货物主要成本的罚款。 1. 未按第241条第1款和第2款的规定提交申报而出口或退回货物的人。 2. 出口或退货的货物与根据第241条第1款和第2款提交的申报不同者。

法律原文	翻译
제270조 (관세포탈죄 등)[10195호][1]	第270条（对逃避关税的处罚等）[1]
①제241조제1항 및 제2항 또는 제244조제1항의 규정에 의한 수입신고를 한 자 중 다음 각호의 1에 해당하는 자는 3년 이하의 징역 또는 포탈한 관세액의 5배와 물품원가중 높은 금액 이하에 상당하는 벌금에 처한다. 이 경우 제1호의 물품원가는 전체물품중 포탈한 세액의 전체세액에 대한 비율에 해당하는 물품만의 원가로 한다. <개정 2006.3.24>	①凡涉及第241条第1款和第2款或第244条第1款任何一项的人，如果根据第244条第1款的规定进行进口申报，应处以不超过3年的有期徒刑，或处以不超过所逃关税金额5倍或货物成本的罚款，以较高者为准。在这种情况下，第1款中提到的货物成本应只解释为相当于整个货物中的逃税率的货物成本。
1. 세액결정에 영향을 미치기 위하여 과세가격 또는 관세율 등을 허위로 신고하거나 신고하지 아니하고 수입한 자	1. 为了影响税额的确定而虚假申报或不申报应纳税额或海关税率的人。
1의2. 세액결정에 영향을 미치기 위하여 허위의 서류를 갖추어 제86조제1항의 규정에 따른 사전심사를 신청한 자	1-2. 以虚假文件申请第86条第1款规定的初步审查，以影响税额的确定者。
2. 법령에 의하여 수입이 제한된 사항을 회피할 목적으로 부분품으로 수입하거나 주요 특성을 갖춘 미완성·불완전한 물품 또는 완제품을 부분품으로 분할하여 수입한 자	2. 为规避法律、法规规定的进口限制而进口部分货物，或将未完成或不完整的货物或具有主要特征的成品分成若干部分而进口的人。
②제241조제1항 및 제2항 또는 제244조제1항의 규정에 의한 수입신고를 한 자중	②根据第241条第1款和第2款或第244条第1款的规定提

---

[1] 本条为2010年关税法适用的10195号修订版，即前述案例中所适用的版本（第7887号与此版相同）。

法律原文	翻译
법령에 의하여 수입에 필요한 허가·승인·추천·증명 기타 조건을 구비하지 아니하거나 부정한 방법으로 구비하여 수입한 자는 3년 이하의 징역 또는 3천만원 이하의 벌금에 처한다.	交了进口通知书，但没有获得法律规定的进口许可、批准、建议、证明或其他条件，或以欺诈方式进口的，将被处以3年以下有期徒刑或3,000万韩元以下罚款。
③제241조제1항 및 제2항의 규정에 의한 수출신고를 한 자중 법령에 의하여 수출에 필요한 허가·승인·추천·증명 기타 조건을 구비하지 아니하거나 부정한 방법으로 구비하여 수출한 자는 1년 이하의 징역 또는 2천만원 이하의 벌금에 처한다.	③根据第241条第1款和第2款的规定提交出口通知书，在未获得法律规定的出口许可、批准、建议、证明或其他条件的情况下出口或以欺诈方式出口的，应处以1年以下有期徒刑或2,000万韩元以下罚款。
④부정한 방법으로 관세의 감면을 받거나 관세의 감면을 받은 물품에 대한 관세의 징수를 면탈한 자는 3년 이하의 징역 또는 감면받거나 면탈한 관세액의 5배 이하에 상당하는 벌금에 처한다.	④以欺诈方式获得关税减免或逃避征收已获得关税减免的货物的关税者，应处以3年以下监禁或处以减免关税金额五倍以下的罚款。
⑤부정한 방법으로 관세의 환급을 받은 자는 3년 이하의 징역 또는 환급받은 세액의 5배 이하에 상당하는 벌금에 처한다. 이 경우 세관장은 부정한 방법으로 환급받은 세액을 즉시 징수한다.	⑤以欺诈手段获得关税退税的，应处以不超过3年的有期徒刑或不超过所退关税金额五倍的罚款。在这种情况下，海关负责人应立即收取以欺诈手段退还的税款。
제271조 (미수범 등)② ① 그 정황을 알면서 제269조 및 제270	第271条（犯罪未遂等）② ①故意教唆或协助第269条

---

② 本条为2014年海关法所适用的第12847号修订版，即前述案例中所适用的版本。

法律原文	翻译
조에 따른 행위를 교사하거나 방조한 자는 정범(正犯)에 준하여 처벌한다. ② 제268조의2, 제269조 및 제270조의 미수범은 본죄에 준하여 처벌한다. ③ 제268조의2, 제269조 및 제270조의 죄를 범할 목적으로 그 예비를 한 자는 본죄의 2분의 1을 감경하여 처벌한다.	和第270条所禁止的任何犯罪行为的人,应按犯有任何主要罪行处罚。 ②犯有第268条第2款、第269条和第270条规定的所有未遂犯,应以本罪为准处罚。 ③对准备实施第268条第2款、第269条和第270条规定的任何犯罪的人的处罚,应减轻一半进行处罚。
제274조(밀수품의 취득죄 등) ① 다음 각 호의 어느 하나에 해당되는 물품을 취득양도운반보관 또는 알선하거나 감정한 자는 3년 이하의 징역 또는 물품원가 이하에 상당하는 벌금에 처한다. 1. 제269조에 해당되는 물품 2. 제270조제1항제3호, 같은 조 제2항 및 제3항에 해당되는 물품 ② 제1항에 규정된 죄의 미수범은 본죄에 준하여 처벌한다. ③ 제1항에 규정된 죄를 범할 목적으로 그 예비를 한 자는 본죄의 2분의 1을 감경하여 처벌한다.	第274条(获取走私货物的罪行等) ①获取、转让、运输、保管、介绍销赃或鉴定以下任何货物的人,应处以不超过3年的劳役监禁,或处以不超过相关货物主要成本的罚款。 1. 属于第269条的货物。 2. 属于第270条第1款第3项、第2款和第3款的货物。 ②企图实施第1款所述犯罪行为的人应按主要犯罪行为进行处罚。 ③对准备实施第1款所述任何罪行的人,应减轻一半进行处罚。
제275조(징역과 벌금의 병과) 제269조부터 제271조까지 및 제274조	第275条(同时处以劳动监禁和罚款) 犯有第269至271条和第

法律原文	翻译
의 죄를 범한 자는 정상(情狀)에 따라 징역과 벌금을 병과할 수 있다.	274条规定的任何罪行的人，可根据犯罪情节，并处有期徒刑和罚款。
제279조(양벌 규정) ① 법인의 대표자나 법인 또는 개인의 대리인, 사용인, 그 밖의 종업원이 그 법인 또는 개인의 업무에 관하여 제11장에서 규정한 벌칙(제277조의 과태료는 제외한다)에 해당하는 위반행위를 하면 그 행위자를 벌하는 외에 그 법인 또는 개인에게도 해당 조문의 벌금형을 과(科)한다. 다만, 법인 또는 개인이 그 위반행위를 방지하기 위하여 해당 업무에 관하여 상당한 주의와 감독을 게을리하지 아니한 경우에는 그러하지 아니하다.	第279条（共同处罚规定） ①法人代表、法人或个人的代理人、雇员、其他员工，在与公司或个人的业务有关的情况下，犯有第十一章规定的适用刑罚条款（不包括第277条规定的过失罚款）的罪行时，除对该罪犯进行处罚外，还应根据各有关条款对法人或个人进行罚款。但本条不适用于该法人或个人对相关职责给予适当关注和监督以防止此类违法行为的情况。

对外贸易法[①]

法律原文	翻译
제38조(외국산 물품등을 국산 물품등으로 가장하는 행위의 금지) 누구든지 원산지증명서를 위조 또는 변조하거나 거짓된 내용으로 원산지증명서를 발급받거나 물품등에 원산지를 거짓으로 표시하는 등의 방법으로 외국에서 생산된 물품등(외국에서 생산되어 국내에서 대통령령으로 정하는	第38条（禁止将外国产物品等伪装成国产物品的行为） 任何人伪造或变造原产地证明书、以虚假的内容获得原产地证明书或在物品上虚假标明原产地的，国外生产的物品（在国外生产并在国内经过总统

---

① 附录所列韩国对外贸易法为第8356号修订版，即前述案例所适用的版本。

法律原文	翻译
단순한 가공활동을 거친 물품등을 포함한다. 이하 제53조의2 제4호에서도 같다)의 원산지가 우리나라인 것처럼 가장(假裝)하여 그 물품등을 수출하거나 외국에서 판매하여서는 아니 된다.	令规定的单纯加工活动的物品等。以下第53条第2款第8项中相同)的原产地不得伪装成韩国。
제53조(벌칙) ①전략물자등의 국제적 확산을 꾀할 목적으로 다음 각 호의 어느 하나에 해당하는 위반행위를 한 자는 7년 이하의 징역 또는 수출·경유·환적·중개하는 물품등의 가격의 5배에 해당하는 금액 이하의 벌금에 처한다. <개정 2013. 7. 30.> 　1. 제19조제2항에 따른 수출허가를 받지 아니하고 전략물자를 수출한 자 　2. 제19조제3항에 따른 상황허가를 받지 아니하고 상황허가 대상인 물품등을 수출한 자 　3. 제23조제3항에 따른 경유 또는 환적허가를 받지 아니하고 전략물자등을 경유 또는 환적한 자 　4. 제24조에 따른 중개허가를 받지 아니하고 전략물자등을 중개한 자 ②다음 각 호의 어느 하나에 해당하는 자는 5년 이하의 징역 또는 수출·수입·경유·환적·중개하는 물품등의 가격의 3배에 해당하는 금액 이하의 벌금에 처한다. <개정 2013. 7. 30.> 　1. 제5조 각 호의 어느 하나에 따른 수출	第53条（处罚规定） ①以谋求战略物资的国际扩散为目的，有下列情形之一的违法行为的，处以7年以下有期徒刑或相当于出口、中间产品价格5倍以下的罚款。 　1. 未取得第19条第2款规定的出口许可而出口战略物资者。 　2. 未获得第19条第3款规定的情况许可而出口情况许可对象物品者。 　3. 未获得第23条第3款规定的过境或转运许可而对战略物资进行过境或转运者。 　4. 未根据第24条获得经纪许可证而代理战略物资者。 ②有下列情形之一者，处以5年以下有期徒刑或相当于出口、进口物品价格3倍以下的罚款。 　1. 违反第5条各项中任何一

法律原文	翻译
또는 수입의 제한이나 금지조치를 위반한 자	项限制出口、进口或者禁止进口措施的。
2. 제19조제2항에 따른 수출허가를 받지 아니하고 전략물자를 수출한 자	2. 未取得第19条第2款规定的出口许可而出口战略物资者。
3. 거짓이나 그 밖의 부정한 방법으로 제19조제2항에 따른 수출허가를 받은 자	3. 通过虚假或其他不正当手段获得第19条第2款规定的出口许可者。
4. 제19조제3항에 따른 상황허가를 받지 아니하고 상황허가 대상인 물품등을 수출한 자	4. 未获得第19条第3款规定的情况许可而出口情况许可对象物品的人。
5. 거짓이나 그 밖의 부정한 방법으로 제19조제3항에 따른 상황허가를 받은 자	5. 通过虚假或其他不正当手段获得第19条第3款规定的情况许可者。
5의2. 제23조제3항에 따른 경유 또는 환적 허가를 받지 아니하고 전략물자등을 경유 또는 환적한 자	5.2 未根据第23条第3款获得过境或转运许可而过境或转运战略物资者。
5의3. 거짓이나 그 밖의 부정한 방법으로 제23조제3항에 따른 경유 또는 환적 허가를 받은 자	5.3 通过虚假或其他欺诈手段获得第23条第3款所述过境或转运许可者。
6. 제24조에 따른 중개허가를 받지 아니하고 전략물자등을 중개한 자	6. 未取得第24条规定的中介许可而从事战略物资等中介工作者。
7. 거짓이나 그 밖의 부정한 방법으로 제24조에 따른 중개허가를 받은 자	7. 通过虚假或其他不正当手段获得第24条规定的中介许可者。
8. 삭제 <2010. 4. 5.>	8. 违反第38条规定的外国产物品等禁止伪装成国产物品的义务者。
9. 제43조를 위반하여 물품등의 수출과 수입의 가격을 조작한 자	9. 违反第43条规定,操纵货物等出口和进口价格的。

法律原文	翻译
10. 제 46 조제 1 항에 따른 조정명령을 위반한 자	10. 违反第 46 条第 1 款规定的调整命令者。
제 57 조 (양벌규정) ① 법인의 대표자 , 대리인 , 사용인 , 그 밖의 종업원이 그 법인의 업무에 관하여 제 53 조부터 제 56 조까지의 규정에 따른 위반행위를 하면 그 행위자를 벌할 뿐만 아니라 그 법인에도 해당 조문의 벌금형을 과 (科) 한다 . ② 개인의 대리인 , 사용인 , 그 밖의 종업원이 그 개인의 업무에 관하여 제 53 조부터 제 56 조까지의 규정에 따른 위반행위를 하면 그 행위자를 벌할 뿐만 아니라 그 개인에게도 해당 조문의 벌금형을 과한다 .	第 57 条（共同处罚条款） ① 法人的代表、代理人、雇员或受雇者违反第 53 条至第 56 条的规定，与法人的业务有关的违法行为，不仅要受到相应的处罚，而且要根据有关规定对法人处以罚款。 ② 如果个人的代理人、雇员或受雇者违反第 53 条至第 56 条中与个人业务有关的任何规定，不仅对其进行相应的处罚，而且要根据有关规定对个人进行处罚。

5. 新加坡法律原文及翻译节选

进出口管理法[①]

法律原文	翻译
Regulations for registration, regulation and control of importation and exportation, etc. 3.—(1) The Minister may make regulations for the registration, regulation and control of all or any class of goods imported into, exported from, transhipped in or in transit through Singapore. [6/2003]	进口和出口的登记、管理和控制条例等。 3.——（1）部长可以制定条例，对进口到新加坡、从新加坡出口、在新加坡转运或过境的所有或任何类别的货物进行登记、管理和控制。

---

① 附录所列新加坡进出口管理法为现行版本，前述案例同样适用，案例中所适用法条与附录所列无实质性差别。

法律原文	翻译
(2) Without limiting subsection (1), the Minister may make regulations — (a) for prohibiting, absolutely or conditionally, or for regulating, in all cases or in any specified case or class of cases and subject to such exceptions as may be made by the regulations, the import or export or the carriage coastwise or the shipment as ships' stores or the transhipment or transit of all goods or of goods of any specified class or description; (b) for imposing on such importers, exporters, agents, forwarding agents, common carriers, consignors or consignees of goods or on owners, agents, masters or persons in charge of a conveyance as may be prescribed in the regulations, the duty to furnish — (i) to the Director-General; or (ii) to the owner, agent, master or person in charge of a conveyance, or to a railway station-master or to such other person as may be prescribed, such particulars, information or documents relating to goods imported into, exported from, transhipped in or in transit through Singapore as may be prescribed; (c) for permitting the Director-General to authorise, in any manner that may be prescribed, the importation, exportation, transhipment or transit of goods in regard to which the required	（2）在不限制第（1）款的情况下，部长可制定条例，以 （a）绝对或有条件地禁止，或在所有情况下，或在任何特定情况下，或在任何类别的情况下，以及在条例可能规定的例外情况下，禁止所有货物或任何特定类别的货物的进口或出口，或沿海运输，或作为船舶用品运输，或转运或过境； （b）对条例中规定的货物进口商、出口商、代理人、货运代理、共同承运人、发货人或收货人，或对运输工具的所有人、代理人、船长或负责人，规定了提供以下资料的义务—— （i）给总干事；或 （ii）向运输工具的所有者、代理人、雇主或负责人，铁路站长或可能规定的其他人员提供与进口到新加坡、从新加坡出口、在新加坡转运或在新加坡过境的货物有关的细节、信息或文件，如有规定； （c）允许总干事以任何规定的方式授权进口、出口、转运或转口已提供所需细节、信息或文件的货物；

法律原文	翻译
particulars, information or documents have been furnished; (d) for prohibiting the importation, exportation, transhipment or transit of goods, or the delivery of goods or of documents relating to those goods, except in compliance with the regulations or with the approval of the Director-General; (e) for prohibiting the exportation of all goods or goods of any specified class or description except in compliance with any conditions that may be prescribed for the purpose of complying with any preferential tariff arrangement or agreement between Singapore and a country or territory outside Singapore, including any condition that the goods exported are to be from a prescribed source or that the manufacture of the goods is to be carried out or procured by any person registered under regulations made under this Act; (f) for requiring the owner or agent of any conveyance to furnish particulars of coal, oil or other fuel or stores placed on board that conveyance in Singapore; (g) for determining the form and manner in which the required particulars, information and documents must be furnished; (h) for prescribing the time within which the required particulars, information and documents must be furnished; (i) for requiring the master of any vessel to	（d）禁止货物的进口、出口、转运或过境，或禁止交付货物或与这些货物有关的文件，除非符合规定或得到总干事的批准； （e）禁止出口所有货物或任何特定类别的货物，除非符合新加坡与新加坡以外的国家或地区之间的任何优惠关税安排或协议而可能规定的任何条件，包括出口的货物必须来自规定的来源或货物的制造必须由根据本法规定注册的任何人进行或采购的任何条件； （f）要求任何运输工具的所有者或代理人提供在新加坡该运输工具上放置的煤、油或其他燃料或储藏物的详情； （g）决定必须提供所要求的细节、信息和文件的形式和方式； （h）规定必须提供所需细节、资料和文件的时间； （i）要求任何船只的船长到

法律原文	翻译
attend at an examination station or the office of the Port Master, and to furnish any particulars, information and documents, that may be prescribed; (j) for prohibiting the issue of a port clearance to the master of any vessel pending compliance with any provision of the regulations; (k) for the registration of all or any class of goods that may be prescribed, imported into, exported from, transhipped in or in transit through Singapore; (l) for the registration of importers, exporters, common carriers of goods or any person making a declaration under this Act or any regulations made under this Act; (m) for the issue of certificates of entitlement to permits for the export or import of any classes of goods, that are prescribed, to successful applicants who submitted bids for the certificates; (n) for requiring fees and deposits to be paid for the submission of applications for the issue of certificates of entitlement under any regulations made under paragraph (m), and providing for the forfeiture of deposits for non-compliance with any of the conditions governing the submission of such applications; (o) for prescribing the levy, or the method or manner for determining the amount of the levy,	检查站或港务局办公室，并提供可能规定的任何细节、信息和文件； （j）在遵守条例的任何规定之前，禁止向任何船只的船长签发港口许可； （k）对所有或任何类别的货物进行登记，这些货物可能被规定，进口到新加坡，从新加坡出口，在新加坡转运或在新加坡过境； （l）对进口商、出口商、货物的共同承运人或任何根据本法或根据本法制定的任何条例进行申报的人进行登记； （m）向竞标成功的申请人颁发规定的任何类别货物的进出口许可证证书； （n）根据第（m）项制定的任何条例，要求为提交颁发许可证的申请支付费用和押金，并规定对不遵守提交此类申请的任何条件没收押金； （o）规定进口或出口不同类别的货物或根据第（m）项制定

法律原文	翻译
payable for the import or export of different classes of goods or for a certificate of entitlement issued under any regulations made under paragraph (m) and for prescribing the manner or method in which the levy must be paid;	的任何条例签发的权利证书所需的征费，或确定征费数额的方法或方式，并规定必须支付征费的方式或方法；
(p) for requiring security to be provided to secure compliance with this Act, any regulations made under this Act or any condition imposed under this Act or its regulations, and to make provision for the form, manner, amount, period and forfeiture of the security;	（p）要求提供担保，以确保遵守本法、根据本法制定的任何条例或根据本法或其条例规定的任何条件，并对担保的形式、方式、金额、期限和没收作出规定；
(q) for prescribing the fees and charges, or the method or manner for determining the amount of the fees or charges, payable by virtue of any regulations made under this section, and for prescribing the manner or method in which the fees or charges must be paid;	（q）规定根据本节制定的任何条例应支付的费用和收费，或确定费用或收费金额的方法或方式，并规定必须支付这些费用或收费的方式或方法；
(r) for prescribing the fees to be charged for services and facilities provided by the Director-General;	（r）规定对总干事提供的服务和设施的收费；
(s) for the bringing of appeals to the Minister in respect of any matter mentioned in this Act or any regulations made under this Act, and the procedure for those appeals; and	（s）就本法或根据本法制定的任何条例中提及的任何事项以及这些上诉的程序向部长提出上诉；以及
(t) for prescribing anything which is required to be prescribed under this Act or which is necessary or expedient to be prescribed for carrying out or giving effect to the provisions of this Act.	（t）规定任何根据本法需要规定的事项，或为执行或落实本法规定而必须或适宜规定的事项。
(3) The Minister may, in making any	（3）根据第（2）款，部长可

法律原文	翻译
regulations under subsection (2), provide that any person who contravenes or fails to comply with any provision thereof shall be guilty of an offence and shall be liable on conviction — (a) in respect of a first offence, to a fine not exceeding $100,000 or 3 times the value of the goods in respect of which the offence was committed, whichever is the greater, or to imprisonment for a term not exceeding 2 years or to both; and (b) in respect of a second or subsequent offence, to a fine not exceeding $200,000 or 4 times the value of the goods in respect of which the offence was committed, whichever is the greater, or to imprisonment for a term not exceeding 3 years or to both. (4) All such regulations must be presented to Parliament as soon as possible after publication in the Gazette.	以规定，任何人违反或不遵守其中的任何规定，即为犯罪，一经定罪，可处以—— （a）就第一次犯罪而言，可处以不超过100,000美元的罚款，或涉案货物价值3倍的罚款，以数额较大者为准，或处以不超过2年的监禁，或同时处以罚款；以及 （b）对于第二次或以后的犯罪，可处以不超过20万美元的罚款，或相当于犯罪货物价值4倍的罚款，以数额较大者为准，或处以不超过3年的监禁，或两者并罚。 （4）所有这些条例必须在公报上公布后尽快提交给议会。
Penalty for incorrect trade descriptions 28A.—(1) Any person who imports, exports or tranships any goods and — (a) applies or causes to be applied to the goods an incorrect trade description; or (b) has in the person's possession for sale or for any purpose of trade any goods to which an incorrect trade description has been applied, shall be guilty of an offence and shall be liable	对不正确的贸易描述的处罚 28A——（1）任何进口、出口或转运任何货物的人和—— （a）对货物适用或导致适用不正确的商品说明；或 （b）拥有用于销售或任何贸易目的的任何货物，带有错误的商品说明 即属犯罪，一经定罪，即应

法律原文	翻译
on conviction — (c) in respect of a first offence, to a fine not exceeding $100,000 or 3 times the value of the goods in respect of which the offence was committed, whichever is the greater, or to imprisonment for a term not exceeding 2 years or to both; and (d) in respect of a second or subsequent offence, to a fine not exceeding $200,000 or 4 times the value of the goods in respect of which the offence was committed, whichever is the greater, or to imprisonment for a term not exceeding 3 years or to both. (2) For the purpose of subsection (1), a person is treated as applying a trade description to goods if the person — (a) affixes or annexes the trade description to, or in any manner marks the trade description on or incorporates it with — (i) the goods themselves; or (ii) anything in, on or with which the goods are supplied; (b) places the goods in or with anything that the trade description has been affixed or annexed to, marked on or incorporated with or places any such thing with the goods; or (c) uses the trade description in any manner likely to be taken as referring to the goods. (3) For the purpose of subsection (1), where	承担以下责任—— （c）对于初犯，可处以不超过100,000美元或涉案货物价值3倍的罚款，以较高者为准，或处以不超过2年的监禁，或两者并罚；以及 （d）对于第二次或以后的犯罪行为，可处以不超过20万美元或涉案货物价值4倍的罚款，以较高者为准，或处以不超过3年的监禁，或两者并罚。 （2）就第（1）款而言，在以下情况下，被视为将商品说明应用于货物—— （a）贴上或附上商品说明，或以任何方式在商品说明上作标记，或将其纳入—— （i）货物本身；或 （ii）提供的货物中的任何东西，或与之相关的东西。 （b）将货物置于商品说明所贴或所附、所标或所包含的任何东西之中，或将任何此类东西与货物放在一起；或 （c）以任何可能被认为是货物的方式使用商品说明。 （3）就第（1）款而言，如果

法律原文	翻译
the goods are for export or transhipment and the ultimate destination of the goods is a foreign country which has entered into a prescribed agreement with Singapore, a trade description applied to such goods is treated as being incorrect if it is not in accordance with any rules of origin specified in that agreement. (4) For the purpose of subsection (1), a person mentioned in that subsection is treated as being in possession of goods if the person is in any way entitled to the custody or control of those goods. [28/2003] (5) Without affecting the provisions of this Act, for the purpose of determining whether an offence under subsection (1) is being or has been committed, an authorised officer may — (a) at any reasonable time enter upon the premises of any person mentioned in subsection (1) and carry out an inspection of those premises; and (b) require any person — (i) to furnish any information within the person's knowledge; or (ii) to produce for inspection any book or document within the person's custody or possession, and to provide copies of or extracts from such book or document. (6) In this section — "foreign country" means any country or	货物是用于出口或转运，而货物的最终目的地是与新加坡签订了规定协议的外国，适用于该货物的商品说明如果不符合该协议中规定的任何原产地规则，则视为不正确。 （4）就第（1）款而言，如果该款中提到的人以任何方式有权保管或控制货物，则该人被视为占有这些货物。 （5）在不影响本法规定的情况下，为确定是否正在或已经犯下第（1）款规定的罪行，受权官员可以—— （a）在任何合理的时间进入第（1）款中提到的任何人的处所，并对这些处所进行检查；以及 （b）要求任何人—— （i）提供该人所知的任何信息；或 （ii）出示该人保管或拥有的任何账目或文件以供检查，并提供该账目或文件的副本或摘要。 （6）在本节中—— "外国"是指新加坡以外的任

法律原文	翻译
territory outside Singapore; "prescribed agreement" means an agreement between Singapore and a foreign country which is prescribed as an agreement for the purpose of subsection (3); "trade description" means any description, statement or indication which, directly or indirectly and by whatever means given, relates to the place of origin, manufacture or production of the goods.	何国家或地区。 "规定的协议"是指新加坡和外国之间的协议，为第（3）款的目的，该协议被规定为一种协议。 "商品说明"是指直接或间接和以任何方式给出的与货物原产地、制造或生产地有关的任何说明、陈述或指示。

海关法[①]

法律原文	翻译
Offences in relation to making and signing untrue or incorrect or incomplete declarations, certificates and documents 128.—(1) Any person who — (a) makes or causes to be made, orally or in writing, or signs or causes to be signed any declaration, certificate or other document required by this Act, which is untrue or incorrect in any particular or which is incomplete by omitting any material particular therefrom; (b) makes or causes to be made, orally or in writing, or signs or causes to be signed any declaration or document, made for consideration of any officer of customs on any application presented	与作出和签署不真实或不正确或不完整的声明、证书和文件有关的罪行 128.——(1) 任何人，如果—— （a）口头或书面作出或导致作出，签署或导致签署本法规定的任何声明、证书或其他文件，在某些方面是不真实或不正确的，或因遗漏某些重要细节而不完整； （b）以口头或书面形式作出或导致作出，签署或导致签署任何声明或文件，供任何海关官员考虑向其提交的任何申请，在某

[①] 附录所列新加坡海关法为现行版本，前述案例中同样适用，案例中所适用法条与附录所列无实质性差别。

法律原文	翻译
to the officer, which is untrue or incorrect in any particular or which is incomplete by omitting any material particular therefrom; or (c) makes or causes to be made a declaration required by this Act of the value of dutiable goods imported into or manufactured in Singapore for the purpose of assessment of customs duty or excise duty, which declaration is untrue or incorrect in any particular or is incomplete by any material particular having been omitted therefrom, shall be guilty of an offence.	些细节上是不真实或不正确的，或因遗漏某些重要细节而不完整的；或 （c）为评估关税或消费税，作出或导致作出本法所要求的关于进口到新加坡或在新加坡制造的应税货物价值的申报，而该申报在某些细节上是不真实或不正确的，或因遗漏了某些重要细节而不完整，即构成犯罪。
Offences in relation to falsifying documents 128A.—(1) Any person who — (a) counterfeits or falsifies, or uses, when counterfeited or falsified — (i) any document which is or may be required under this Act; or (ii) any document used in the transaction of any business or matter relating to customs; or (b) fraudulently alters any document, or counterfeits the seal, signature, initials or other mark of, or used by, any officer of customs for the verification of any such document or for the security of any goods or any other purpose in the conduct of business relating to customs, shall be guilty of an offence.	与伪造文件有关的罪行 128A.——（1）任何人，如果—— （a）伪造或篡改，或在伪造或篡改后使用—— （i）根据本法需要或可能需要的任何文件；或 （ii）在与海关有关的任何业务或事项的交易中使用的任何文件；或 （b）欺诈性地更改任何文件，或伪造任何海关官员的印章、签名、缩写或其他标记，或用于核实任何此类文件，或用于任何货物的安全或与海关有关的业务的任何其他目的，即构成犯罪。

法律原文	翻译
(2) When any such document has been proved to be counterfeited or falsified in whole or in part, it is no defence to allege that the document was made or used inadvertently or without criminal or fraudulent intent.	（2）当任一此类文件被证明全部或部分是伪造或变造的，指称该文件是在无意中制作或使用的，或没有犯罪或欺诈意图，不能成为辩护理由。
Offences in relation to failure to make declarations 128B.—(1) Any person who, being required by this Act to do so — (a) fails to make a declaration of dutiable goods which are imported into, exported from or transhipped in Singapore; or (b) fails to make a declaration of the value of dutiable goods imported into or manufactured in Singapore for the purpose of the assessment of customs duty or excise duty, shall be guilty of an offence. (2) When a failure to make a declaration has been proved, it is no defence to allege that the failure was inadvertent or without criminal or fraudulent intent, or that it was not known that such a declaration is required to be made.	与未作出声明有关的罪行 128B.——（1）任何人在本法的要求下，如果—— （a）没有对进口到新加坡、从新加坡出口或在新加坡转运的应税货物进行申报；或 （b）在评估关税或消费税时，没有对进口到新加坡或在新加坡制造的应税货物的价值进行申报，即构成犯罪。 （2）在证明未作申报的情况下，指称未作申报是无意的或没有犯罪或欺诈的意图，或不知道需要作这种申报，都不是辩护理由。
Offences in relation to failure to produce trade documents 128C. Any person who fails or refuses to produce to a proper officer of customs any document required to be produced under section 85 shall be guilty of an offence.	与未能提供贸易文件有关的罪行 128C.任何人未能或拒绝向适当的海关官员出示根据第85条要求出示的任何文件，即构成犯罪。

法律原文	翻译
Offences in relation to fraudulent evasion 128D. Any person who is in any way concerned in any fraudulent evasion of, or attempt to fraudulently evade, any customs duty or excise duty shall be guilty of an offence. **Penalty for various offences** 128L.—(1) Any person who is guilty of an offence under section 128(1), 128A(1), 128B(1) or 128C shall be liable on conviction to a fine not exceeding $10,000, or the equivalent of the amount of the customs duty, excise duty or tax payable, whichever is the greater amount, or to imprisonment for a term not exceeding 12 months, or to both. (2) Subject to subsection (3), any person who is guilty of a specified offence shall be liable on conviction to a fine of — (a) not less than 10 times the amount of the customs duty, excise duty or tax the payment of which would have been evaded by the commission of the offence or $5,000, whichever is the lesser amount, subject to a minimum of $1,000 where the specified offence involves goods consisting wholly or partly of relevant tobacco products; and (b) not more than 20 times the amount of the customs duty, excise duty or tax the payment of which would have been so evaded or $5,000,	与欺诈性规避有关的罪行 128D. 任何人以任何方式参与欺诈性规避或试图欺诈性规避任何关税或消费税的行为，均属犯罪。 对各种罪行的处罚 128L.——（1）任何人犯了第128条第1款、第128A条第1款、第128B条第1款或第128C条规定的罪行，一经定罪，可处以不超过10,000美元，或相当于应缴关税、消费税或税款数额的罚款，以数额较大者为准，或处以不超过12个月的监禁，或两者并罚。 （2）除第3款的规定外，任何犯有特定罪行的人，一经定罪，可处以下列罚款—— （a）不少于因犯罪而逃避缴纳的关税、消费税或税款的10倍，或5,000美元，以数额较小者为准，但如果该特定罪行涉及全部或部分由相关烟草制品组成的货物，则最低为1,000美元；以及 （b）不超过本可逃避的关税、消费税或税款的20倍或5,000美元，以数额较大者为准。

法律原文	翻译
whichever is the greater amount, except that where the amount of customs duty or excise duty cannot be ascertained, the penalty may amount to a fine not exceeding $5,000, subject to a minimum of $1,000 where the specified offence involves goods consisting wholly or partly of relevant tobacco products.	但如果不能确定关税或消费税的数额，则可处以不超过5,000美元的罚款，但如果该特定罪行涉及全部或部分由相关烟草制品构成的货物，则最低罚款为1,000美元。
(3) Any person who is convicted of any specified offence and who has been convicted on a previous occasion of —	（3）任何被判定犯有任何特定罪行的人，如果以前曾被判定犯有以下罪行——
(a) that or any other specified offence; or	（a）该罪行或任何其他特定罪行；或
(b) any offence under the repealed section 130(1) in force immediately before 4 April 2008,	（b）在2008年4月4日之前有效的被废除的第130（1）部分规定的任何罪行。
shall be liable on conviction to a fine mentioned in subsection (2), or to imprisonment for a term not exceeding 2 years, or to both.	一经定罪，可处以第（2）款所述的罚款，或不超过2年的监禁，或两者并罚。
(4) Any person who is guilty of any specified offence involving goods consisting wholly or partly of relevant tobacco products shall, if such tobacco products exceed 2 kilogrammes in weight, be liable on conviction —	（4）任何涉及全部或部分由相关烟草制品组成的货物的特定罪行的人，如果这些烟草制品的重量超过2公斤，一旦被定罪，可处以——
(a) to a fine of —	（a）罚款——
(i) not less than 15 times the amount of the customs duty, excise duty or tax the payment of which would have been evaded by the commission of the offence, subject to a minimum of $1,000; and	（i）不少于因犯罪而逃避缴纳的关税、消费税或税款金额的15倍，但最低为1,000美元；及
(ii) not more than 20 times the amount of the	（ii）不超过将被逃避的关税、

法律原文	翻译
customs duty, excise duty or tax the payment of which would have been so evaded or $10,000, whichever is the greater amount; or (b) to imprisonment for a term not exceeding 3 years, or to both. (5) Where any person is convicted of a specified offence committed by the person on or after 1 January 2012 involving goods consisting wholly or partly of relevant tobacco products and the person has been convicted on a previous occasion of — (a) that or any other specified offence involving such goods; or (b) any offence under the repealed section 130(1) in force immediately before 4 April 2008 involving such goods, then the person shall be liable to — (c) a fine of — (i) not less than 30 times the amount of the customs duty, excise duty or tax the payment of which would have been evaded by the commission of the firstmentioned specified offence, subject to a minimum of $2,000; and (ii) not more than 40 times the amount of the customs duty, excise duty or tax the payment of which would have been so evaded or $20,000, whichever is the greater amount; or	消费税或税款金额的20倍，或10,000美元，以金额较大者为准；或 （b）不超过3年的监禁， 或两者并罚。 （5）如果任何人在2012年1月1日或之后被判定犯有涉及全部或部分由相关烟草制品组成的货物的特定罪行，并且该人在之前的场合被判定犯有—— （a）该罪行或涉及此类货物的任何其他特定罪行；或 （b）在2008年4月4日之前生效的被废除的第130（1）部分规定的涉及此类货物的任何罪行。 则该人应被处以—— （c）以下罚款—— （i）不少于30倍的关税、消费税或税款，该款项会因实施上述前项具体罪行而被逃避支付，但最低金额为2,000美元；以及 （ii）不超过将被逃避的关税、消费税或税款数额的40倍或20,000美元，以数额较大者为准；或

法律原文	翻译
(d) imprisonment for a term not exceeding 6 years, or to both. (5A) Despite subsection (5), where any person is convicted of a specified offence committed by the person on or after 1 January 2012 involving goods consisting wholly or partly of relevant tobacco products exceeding 2 kilogrammes in weight and the person has been convicted on a previous occasion of — (a) that or any other specified offence involving goods consisting wholly or partly of relevant tobacco products exceeding 2 kilogrammes in weight; or (b) any offence under the repealed section 130(1) in force immediately before 4 April 2008 involving goods consisting wholly or partly of relevant tobacco products exceeding 2 kilogrammes in weight, then the person shall be punished with — (c) a fine of — (i) not less than 30 times the amount of the customs duty, excise duty or tax the payment of which would have been evaded by the commission of the firstmentioned specified offence, subject to a minimum of \$2,000; and (ii) not more than 40 times the amount of the customs duty, excise duty or tax the payment of which would have been so evaded or \$20,000,	（d）不超过6年的监禁， 或两者并罚。 （5A）尽管有第（5）款的规定，但如果任何人在2012年1月1日或之后被判定犯有涉及全部或部分由相关烟草制品组成的重量超过2公斤的货物的特定罪行，并且该人在以前的场合被判定犯有—— （a）涉及全部或部分由相关烟草制品组成的重量超过2公斤的货物的任何其他特定罪行；或 （b）在2008年4月4日之前有效的被废除的第130（1）部分下的任何罪行，涉及全部或部分由重量超过2公斤的相关烟草制品组成的货物，则该人应被处以—— （c）以下罚款—— （i）不少于因实施前项特定罪行而逃避缴纳的关税、消费税或税款金额的30倍，但最低为2,000美元；及 （ii）不超过将被逃避的关税、消费税或税款数额的40倍或20,000美元，以数额较大者

法律原文	翻译
whichever is the greater amount; and (d) imprisonment for a term not exceeding 6 years. (6) In any prosecution against a person for committing, attempting or abetting an offence under sections 128D to 128K, any dutiable, uncustomed or prohibited goods are deemed to be dutiable, uncustomed or prohibited goods to the person's knowledge, unless the contrary is proved by the person. (7) In this section — "relevant tobacco products" means any cigarette, cigar, cheroot or cigarillo or any other form of tobacco including — (a) any mixture containing tobacco; and (b) any tobacco substitute which is capable of being smoked; "specified offence" means an offence under section 128D, 128E, 128F, 128G, 128H, 128I, 128J or 128K.	为准；以及 （d）不超过6年的监禁。 （6）在任何针对某人犯下、企图犯下或教唆犯下第128D至128K条罪行的起诉中，任何应税、非关税或违禁品都被视为该人所知的应税、非关税或违禁品，除非该人可以证明情况不符。 （7）在本节中—— "相关烟草制品"是指任何香烟、雪茄、方头雪茄烟或小雪茄烟或任何其他形式的烟草，包括—— （a）任何含有烟草的混合物；以及 （b）任何能够被吸食的烟草替代品。 "特定罪行"指第128D、128E、128F、128G、128H、128I、128J或128K部分规定的罪行。
Penalty on refusing to answer questions or on giving false information or false document 129.—(1) Any person who, being required by this Act to answer any question put to the person by any proper officer of customs, or to give any information or produce any document which may	**对拒绝回答问题或提供虚假信息、虚假文件的处罚** 129.——（1）任何人在本法要求其回答任何适当的海关官员向其提出的任何问题，或提供该官员可能合理地要求其提供的任

法律原文	翻译
reasonably be required of the person by the officer and which it is in the person's power to give — (a) refuses to answer the question or does not truly answer the question; (b) refuses to give such information or produce such document; or (c) furnishes as true information or document which the person knows or has reason to believe to be false, shall be guilty of an offence and shall be liable on conviction to a fine not exceeding \$5,000 or to imprisonment for a term not exceeding 12 months or to both. (2) When any such answer or any such information or any such document is proved to be untrue or incorrect in whole or in part, it is no defence to allege that such answer or such information or such document or any part thereof was made or furnished or produced inadvertently or without criminal or fraudulent intent, or was misinterpreted or not fully interpreted by an interpreter provided by the informant. (3) Nothing in this section obliges a person to answer any question which would have a tendency to expose the person to a criminal charge or to a penalty or forfeiture.	何信息或文件，而该人又有能力提供的情况下—— （a）拒绝回答问题或未如实回答问题； （b）拒绝提供此类信息或出示此类文件；或 （c）将该人知道或有理由相信是虚假的信息或文件作为真实信息或文件提供，即属犯罪，一经定罪，可处以不超过5,000美元的罚款或不超过12个月的监禁，或两者并罚。 （2）当任何此类回答、信息或文件被证明全部或部分不真实或不正确时，不可声称此类回答、信息、文件或其任何部分是在无意中或在没有犯罪或欺诈意图的情况下作出、提供或出示的，或被举报人提供的译员误解或没有完全解释。 （3）本节中没有任何规定要求当事人回答任何有可能使其受到刑事指控或惩罚、或没收的问题。

6. 日本法律原文及翻译节选[①]

法律原文	翻译
《関税法》第百十条 　次の各号のいずれかに該当する者は、十年以下の懲役若しくは千万円以下の罰金に処し、又はこれを併科する。 　一　偽りその他不正の行為により関税を免れ、又は関税の払戻しを受けた者 　二　関税を納付すべき貨物について偽りその他不正の行為により関税を納付しないで輸入した者 　2　通関業者の偽りその他不正の行為により関税を免れ、若しくは関税の払戻しを受け、又は関税を納付すべき貨物を関税を納付しないで輸入することとなつた場合における当該行為をした通関業者についても、また前項の例による。 　3　前二項の犯罪の実行に着手してこれを遂げない者についても、これらの項の例による。 　4　前三項の犯罪に係る関税又は関税の払戻しの額の十倍が千万円を超える場合においては、情状により、前三項の罰金は、千万円を超え当該関税又は関税の払戻しの額の十倍に相当する金額以下とすることができる。	海关法第110条 　凡属下列各项者，应处以10年以下有期徒刑，或处以1,000万日元以下罚款，或两者并罚。 　一　以虚假或不正当行为获得关税免除或退还的； 　二　对应纳关税的货物采取不正当手段未纳税而进口的。 　通关者以虚假或不正当行为获得关税免除或退还或者对纳关税货物未纳税而进口的，对实施该行为的通关者比照第一款执行。 　以实施前两款犯罪为目的而准备或已经着手实施而未遂的，比照前两款执行。 　前三款犯罪所涉关税或关税退还的金额的10倍。超过1,000万日元的，根据情况前三款中的所处罚款可以超过1,000万日元，但不超过相当于该关税或退还关税金额的10倍。
《関税法》第百十七条 　法人の代表者又は法人若しくは人の代理	海关法第117条 　关于法人代表、法人或个人

[①]　前述案例中所引用日本海关法为1954年修订版，日本刑法为1907年修订版。

法律原文	翻译
人、使用人その他の従業者がその法人又は人の業務又は財産について、第百八条の四から第百十二条まで（輸出してはならない貨物を輸出する罪・輸入してはならない貨物を輸入する罪・輸入してはならない貨物を保税地域に置く等の罪・関税を免れる等の罪・許可を受けないで輸出入する等の罪・密輸貨物の運搬等をする罪）、第百十二条の二（用途外に使用する等の罪）、第百十三条の二（特例申告書を提出期限までに提出しない罪）、第百十四条の二（報告を怠つた等の罪）、第百十五条の二（帳簿の記載を怠つた等の罪）又は前条に該当する違反行為（同条中第百十三条（許可を受けないで不開港に出入する罪）、第百十四条及び第百十五条（報告を怠つた等の罪）に係るものを除く。）をしたときは、その行為者を罰するほか、その法人又は人に対して当該各条の罰金刑を科する。	的代理人、使用人或者其他从业人员对该法人或人员的业务或财产，从第108条第4款至第112条（出口不得出口的货物的罪名、进口不得进口的货物的罪名、将不得进口的货物置于保税区等罪名、逃避关税等罪名、未取得海关许可而进出口等罪名、运输走私货物等罪名），第112条第2款（在用途之外使用等罪名）、第113条第2款（未在提交特别声明截止日期前提交特别声明的罪名）、第114条第2款（未报告等罪名）、第115条第2款（未能记录账簿等罪名）或与前款规定的违法行为有关[第113条（未经许可进入或离开不开放港口的罪名）、第114条和第115条（不提交报告等罪名）]，除处罚行为人外，还对该法人或者人员处以有关各条的罚款。
《刑法》第十条 主刑の軽重は、前条に規定する順序による。ただし、無期の禁錮と有期の懲役とでは禁錮を重い刑とし、有期の禁錮の長期が有期の懲役の長期の二倍を超えるときも、禁錮を重い刑とする。	刑法第10条 主要刑罚的轻重，按照前条规定的顺序进行。但是，在无期徒刑和有期徒刑之间，应当以无期徒刑为重，无期徒刑的刑期超过有期徒刑的两倍时，也应当以有期徒刑为重。

法律原文	翻译
《刑法》第二十五条 次に掲げる者が三年以下の懲役若しくは禁錮又は五十万円以下の罰金の言渡しを受けたときは、情状により、裁判が確定した日から一年以上五年以下の期間、その刑の全部の執行を猶予することができる。 一 前に禁錮以上の刑に処せられたことがない者 二 前に禁錮以上の刑に処せられたことがあっても、その執行を終わった日又はその執行の免除を得た日から五年以内に禁錮以上の刑に処せられたことがない者	刑法第25条第1款 下列人员被判处3年以下有期徒刑或无期徒刑，或被判处50万日元以下罚款时，可根据情况，自司法判决生效之日起，缓期执行全部刑罚，时间不得少于1年，不得超过5年。 一 以前没有被判处无工作监禁或更严厉处罚的人； 二 曾被判处无期徒刑或更严厉处罚的人，但自刑罚执行完毕或放弃执行之日起5年内未被判处无期徒刑或更严厉处罚的人。
《刑法》第四十五条 確定裁判を経ていない二個以上の罪を併合罪とする。ある罪について禁錮以上の刑に処する確定裁判があったときは、その罪とその裁判が確定する前に犯した罪とに限り、併合罪とする。	刑法第45条 未经最终审判的两项或多项罪名为合并罪。如果对某项罪行判处超过监禁的判决，则合并罪仅限于该罪行和在审判确定之前犯下的罪行。
《刑法》第四十八条 2 併合罪のうちの二個以上の罪について罰金に処するときは、それぞれの罪について定めた罰金の多額の合計以下で処断する。	刑法第48条第2款 对合并罪中的两项或多项罪名处以罚款时，应处以不超过每项罪行规定的罚款总额。
《刑法》第五十四条 一個の行為が二個以上の罪名に触れ、又は犯罪の手段若しくは結果である行為が他の罪名に触れるときは、その最も重い刑により処断する。	刑法第54条第1款 一个行为触犯两个以上罪名，或者作为犯罪手段或结果的行为触犯其他罪名的，按其最严重的刑罚来处罚。